Aujourd'hui le Paradis

Note sur l'auteure : Née en France le 21 décembre 1947, Viviane Luc (dont le nom usuel est Nadou Loyat-Jourlin) a émigré au Québec, en 1978, avec son compagnon et leurs quatre enfants.

Épouse d'un véritable paysan (de cœur et de vie), elle eut souvent l'opportunité de *pratiquer* cette coopération active avec La Nature Vivante.

En Europe, comme en terre d'Amérique, sa vie et son évolution ont toujours été intimement forgées par ses contacts fréquents avec La Nature sauvage ainsi que par les vibrations des maisons et des choses dont elle eut à prendre soin !

Étant fille et petite-fille d'une famille de professeurs, peintres et musiciens, l'éducation artistique et l'intérêt marqué pour la pédagogie ont toujours jalonné ses démarches.

En 1980, lors de graves troubles de santé, elle fut guérie par un contact plus conscient et «communiel» avec les forces spirituelles de La Nature.

Depuis cette époque, sa vie est orientée vers le Partage (ce livre en est témoin) de cette recherche d'une réconciliation régénératrice avec La Vie !

De la même auteure :

Aquarius, un nouvel Art de Vie, France, Éditions Télesma, 1991.

À paraître :

Alimentation de Sur-Vie.

Liturgies cosmiques et Traditions chrétiennes.

Du Karma à la Grâce.

VIVIANE LUC

Aujourd'hui
le Paradis

*Comment retrouver le sens spirituel
de La Nature et des choses de La Vie*

Données de catalogage avant publication (Canada)

Luc, Viviane, 1947-
    Aujourd'hui le paradis: comment retrouver le sens spirituel de la nature et des choses de la vie
    Comprend des réf. bibliogr.
    ISBN 2-920083-64-3
    1. Nature - Aspect religieux. 2. Spiritualité. 3. Harmonie (Philosophie) - Aspect religieux. 4. Philosophie de la nature. 5. Écologie humaine - Aspect religieux. I. Titre.
BL65.N35L82 1992   291.2'12   C92-096874-0

Photo de couverture: Nadou J. Loyat
    © **L'Aiguille du Midi**, massif du Mont-Blanc,
    Alpes Françaises
Toutes les photos de ce livre (y inclus celle de la couverture)
ont été prises par l'auteure ou son compagnon.

ISBN 2-920083-64-3

Dépôt légal: 3ᵉ trimestre 1992
    Bibliothèque nationale du Québec
    Bibliothèque nationale du Canada

Distribution: Diffusion Raffin
    7870, Fleuricourt
    St-Léonard (Québec)
    H1R 2L3

Remerciements

Toute ma gratitude aux paysages de ma jeunesse (France – Europe), aux paysages de ma vie présente (Québec – Canada) – et, plus largement, à la terre d'Amérique – qui ont inspiré, motivé et supporté la rédaction de cet ouvrage !

Ma reconnaissance, toute particulière, à feu Dom Paul Bellot, o.s.b., dont « l'esprit » m'a inspirée, lors de séjours à l'Abbaye de St-Benoît-du-Lac (Estrie, Québec), pour la rédaction d'une grande partie des chapitres concernant l'environnement guérisseur !

VIVIANE LUC

À mon compagnon, Jean L.,
qui, depuis 25 ans, m'a offert
l'espace et l'opportunité
de ces retrouvailles régénératrices
avec notre Mère Nature !

À mes enfants,
Xavier,
Ann,
Érik,
Martin.

À André P.
et à tous ceux qui ont
compris que La Vie,
« ici-bas » se passe...
sur Terre !

Fraternellement,
Viviane Luc.

Printemps 1992,
Shawinigan, Qué., Canada,
Terre d'Amérique.

Prologue

– Mère Universelle, Mère de La Vie, donne-moi les mots justes pour te dire à mes frères !

– Tu leur diras que l'Amour des autres passe d'abord par l'Amour de La Nature qui est une expression visible et sensible de mon Être !

Comment peut-il aimer ses frères, celui qui n'aime pas d'abord sa Mère ?

Comment peut-il comprendre ses frères, celui qui ne connaît pas sa Mère ?

Ma Voix est celle de La Nature,

    la voix des Formes et des Textures,

    la voix des Vents et des Ramures,

    la voix des Jeux de la Lumière,

    dans l'eau des Mers et des Rivières,

    la voix des Parfums de la Terre,

    dans vos maisons, dans vos clairières...

Ma Voix est celle de La Nature ; les nuances vibrantes de son silence sont mon Cœur, mon Souffle, mon Essence.

Alors, celui qui ne sait pas entendre ma Voix dans les vibrations de la matière organisée, comment peut-il entendre le plus-que-silence à travers lequel s'exprime l'âme de ceux que La Vie lui donne à aimer ?

Vos paroles sont souvent un masque, une arme, un bouclier !

L'âme s'exprime au cœur du non-dit... manifesté !

Ce que vous proclamez est souvent partiel ou partial, par ignorance ou par peur de la différence !

Mais ce que suggère votre simple présence est plus éloquent que vos paroles ou vos parures.

Point de mensonge dans l'expression de La Nature.

La Nature est le royaume de ma présence, éternelle, immuable... et changeante.

À son contact, à son écoute, les fils de la Terre réapprendront à entendre et à respirer, à être, vivre, évoluer, au-delà des dictats et des apparences, dans le Paradis retrouvé de ma « bienvaillance » !

Lac des Neiges, Québec - Solstice d'été, 1990

V.L.

Note : En vue d'alléger le texte, l'emploi du masculin inclut généralement les deux genres.

PREMIÈRE PARTIE

«... Sur la Terre comme au Ciel »

Les œuvres de La Nature ont toujours été belles et harmonisées avec Dieu.

DAVID SPANGLER

1

Le Maya-Yoga ou le yoga de l'existence

Imaginez... la steppe ou la forêt, au coucher du soleil...

On est complètement dans La Nature et elle se dissout en soi. Il n'existe rien de meilleur parce que nous sommes des créatures de Dieu...

Il paraît que La Vie est un moment, mais quand on sent qu'on fait partie de La Nature, il n'y a plus de peur.

La Paix envahit l'âme...

La Nature représente tout pour nous. Dans ces moments-là, on sent l'Éternité!

MIKHAÏL GORBATCHEV

- interview de Basile Gregoriev,
*Revue **Paris-Match**, 19 mars 1992*

«*Nous sommes sur Terre!*»

Cette affirmation semble, au premier abord, découler du simple bon sens!

Cependant, si ce livre est écrit, cela prouve le contraire. Le bon sens n'est pas toujours au rendez-vous de nos vies: non parce que La Vie, sous une forme ou sous une autre, nous ferait défaut mais parce que nous ne savons pas voir, entendre et utiliser – avec bon sens – les merveilleuses opportunités de Bien-Être, de Régénération et d'Évolution que nos séjours – sur Terre – nous offrent.

Nous sommes... sur terre !

«Nous sommes» : cela, nous le savons... au risque d'attribuer cette *essence* (le «Je suis») à un aspect limité de notre personnalité et de notre être :

- le corps mental, avec toute l'emphase donnée au «Je pense, donc je suis !» de Descartes ;
- ou bien le corps émotionnel, lorsque nous prenons l'intensité de nos émotions pour la réalité de notre essence.

Il est étonnant de constater que, malgré toutes les complaisances que nous cultivons envers notre corps physique, nous nous référons davantage, lorsqu'il s'agit de nous «situer», aux opinions et aux émotions que nous endossons et/ou entretenons.

Ainsi est faite la personnalité humaine : ballottée entre les préjugés de nos mentalités et les rebondissements de nos émotivités, les unes soutenant les autres dans une quête égotique et aveugle d'une sécurité à la mesure de nos illusions.

Dans un tel contexte, nous ne trouverons jamais la paix et le bonheur de vivre l'accomplissement des potentiels et des buts de nos âmes.

Car nous négligeons les deux pôles majeurs de nos incarnations :

- L'Essence véritable : le «Je suis»... *inconditionnel !*

- L'Existence : le «sur terre»... attribut *incontournable* du «Je suis» incarné !

Nous tentons de vivre l'un ou l'autre de ces plans, reniant l'un lorsque nous nous consacrons à l'autre ou vice versa. Mais, bien souvent nous flottons entre les deux, affectant notre «Je suis» d'épithètes qui court-circuitent la globalité du parcours : «Je-suis-sur-terre !»

- Qui es-tu ? demande l'autre.

- Je suis ceci... ou cela, comme ceci... ou comme cela...

Certes, «Je suis» vient toujours en premier : l'Essence précède toujours l'Existence et l'Existence procède toujours de l'Essence !

Mais le... «sur terre»... nous rappelle que nous ne pouvons nous connaître qu'à travers *La Forme*, ce qui existe, dimension sans cesse offerte comme miroir de nos compréhensions de La Vie, matière toujours disponible comme une argile dont nos modelages révéleront les buts et les aptitudes de nos âmes.

Ainsi le processus de la manifestation, chez l'être humain et dans La Nature, constitue un pont sacré, un arc-en-ciel de bénédictions entre l'Essence et l'Existence.

Sur terre, la vie spirituelle ne peut pas être désincarnée: fuir le magnétisme inné de la Matière est la principale illusion qui détourne de la véritable vie spirituelle.

Sur terre, parler de «spiritualité» est un vague concept donnant prise aux plus morbides confusions.

Sur terre, ce qui importe c'est la *Vie* spirituelle! Les grands maîtres et les grands prophètes ne se sont pas contentés de professer ou de prophétiser des vérités: ils en ont témoigné par leurs actes et leur dévouement à *servir La Vie*!

La maîtrise est une démonstration de la vie spirituelle (par ignorance ou par faiblesse, on appelle cela «miracle», en donnant à ce terme une connotation d'inaccessible, prétexte commode pour mettre sur un piédestal les grands maîtres et ensuite les idolâtrer au lieu de les imiter). Cette démonstration est une illustration claire et concrète:

– des immenses pouvoirs de la personnalité «infusée» par l'âme et unie à l'âme des choses et de La Nature;

– de la puissance de l'Existence, lorsqu'elle est manifestée en «ligne directe» à partir de l'Essence.

Une certaine littérature «nouvel âge» met l'emphase, actuellement, sur certaines prophéties à teneur de catastrophes. De tels risques existent, c'est évident: ils sont la démonstration (ou la conséquence logique) de nos incompréhensions et de nos «mésusages» de La Matière et de La Nature.

Mais, à aucun moment, l'Humanité et la Terre ne sont sous le joug d'une quelconque fatalité! Ce qui pourrait arriver (de pire, puisque spontanément, hélas, nous nous attendons souvent au pire) peut, *tout aussi bien*, ne pas arriver! Encore une fois, cela dépend de nous!... de notre conversion (ou reconversion):

– au sens de La Vie,

– au sens de la plénitude de La Vie manifestée!... et à une prise en charge conséquente de notre quotidien.

Tel est le sens du Maya-Yoga ou Yoga de l'existence.

La tradition occulte interprète souvent ce terme sanscrit *Maya* comme signifiant «illusion»: l'illusion de la matière, l'illusion de la forme, etc...

En un sens, cela est véridique et il nous faut, courageusement, admettre ces évidences:

• La Création n'a pas été faite une fois pour toutes!

• La Matière n'est jamais en état de neutralité!

• La Forme n'est jamais fixe! On ne peut donc s'y attacher!

«Tout change et se transforme!» dit un célèbre postulat.

Les forces d'inertie que certains «*ésotéristes*» attribuent à la matière ne sont pas un attribut de la matière mais une tendance de la personnalité humaine qui cherche à conserver intacts ses petits bonheurs passagers, ses impressions et la prépondérance de ses opinions.

Au contraire, La Matière et La Nature – qui est un témoignage merveilleux de la matière organisée – sont toujours en transformation, en transmutation, plus ou moins rapidement mais irréversiblement.

Une roche met plus de temps à se transformer qu'une plante mais, dans tous les cas, la transformation est continue et continuelle: n'oublions jamais cela car c'est un secret pédagogique primordial de La Nature Vivante.

Plus que de la musique de détente et de relaxation,

Plus que de la musique dite du Nouvel-Âge,

Plus que de la musique,

Voici . . .

LES RITES DE PASSAGE
KIRWANI

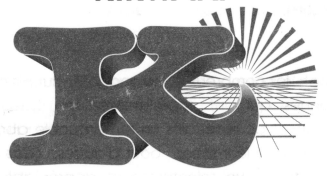

CE QU'UNE SEULE AUDITION PEUT VOUS APPORTER :

- un abaissement immédiat du niveau de votre stress,
- une ouverture de conscience,
- une merveilleuse expérience de visualisation,
- une augmentation immédiate de votre créativité,
- un déplacement dans l'espace et dans le temps,
- une sortie en astral,
- une harmonisation totale de votre être.

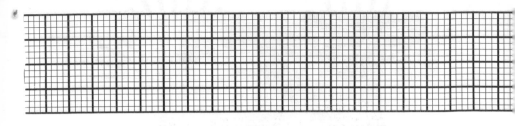

Le rituel sonore "**KIRWANI**", comme moyen de transformation "révolutionnaire" (dans le sens qu'il révolutionne par son efficacité), s'avère parmi les thérapies douces et les techniques de croissance personnelle actuelles, le moins coûteux et le plus accessible.

"**KIRWANI**" ... ou "Le sentier vers la Lumière" est définitivement la nouveauté en matière de technique d'harmonisation.

Les Rites de Passage "**KIRWANI**" s'adressent à tous, aux initiés comme aux non-initiés, aux jeunes comme aux moins jeunes et peuvent être considérés comme un médicament pour la santé physique, psychique et spirituelle... sans support chimique.

Le tout s'opère uniquement par l'Energie des archétypes sonores.

Tout ce qu'il y a à faire:
1) Placez un Rite de Passage "**KIRWANI**" dans votre lecteur de cassettes,
2) Etendez-vous confortablement,
3) Mettez l'appareil en marche à un niveau d'écoute... bas,
4) Fermez les yeux et . . .

BON VOYAGE !

Les Rites de Passage "KIRWANI' ont été conçus et réalisés par Claude et Serge Roy. D'une durée d'écoute approximative de trente minutes chacun, ils vous sont offerts en format de deux par cassette.

Les cassettes "KIRWANI" I - II et III - IV sont maintenant disponibles chez tout bon libraire au côté des livres consacrés à la psychologie et à la croissance personnelle.

TAU ALIMENTS NATURELS
6845 BLVD. TASCHEREAU
BROSSARD, QUÉBEC
Distributeur:
(514) 443-9922

KIRWANI Québec Inc.
C.P. 360, St-Hippolyte,
P.Q. J0R-1P0

La Maya n'est pas un mirage à fuir pour «sauver son âme»! Elle est, au contraire, la substance même de La Vie manifestée, éternellement et universellement présente, éternellement et universellement transformatrice.

La Maya est la mère de la matière, la matrice des formes, la malléabilité de l'énergie vitale et la force de matérialisation dans les œuvres de La Nature et dans l'œuvre de conscience exprimée par et dans notre quotidien.

La véritable vie spirituelle est donc le raffinement, l'accomplissement harmonieux ou Yoga... de l'existence, portique et voie du paradis terrestre!

2

La conscience écologique
et la terre promise

> *Je ne vis pas seulement en moi-même, mais je deviens une partie de ce qui m'entoure.*
>
> LORD BYRON

L'écologie fut d'abord une étude, plus ou moins scientifique, des rapports des êtres vivants avec leur milieu naturel.

Ultérieurement, on assimila l'écologie à l'action des mouvements et des organismes de protection de l'environnement.

Mais l'aspect qui nous importe le plus, à présent, est le réveil ou le développement d'une *Conscience Écologique* de tous les instants : apprendre à reconnaître, spontanément et clairement, ce qui fait partie du *vivant* et du *vivifiant* et ce qui supporte et stimule l'harmonie ou la régénération de La Vie. Avec l'infusion de la Conscience Écologique, le sens de La Vie et le sens de La Nature seront réconciliés, dans nos schémas de pensées et dans l'organisation de notre vie quotidienne.

Dans nos sociétés occidentales, beaucoup de gens ont perdu le contact avec ce Sens du Vivant, depuis plusieurs générations.

Les grandes concentrations urbaines ont souvent fait de la ville un ghetto, regroupant dans un univers « en dur » et morne que l'on nomme «blocs» ou «complexes», de vastes réseaux de personnes. Il n'est pas surprenant que ce genre de contexte ait favorisé le développement de la délinquance, de la criminalité ou de l'aliénation, sous des formes diverses. Car le béton ou l'asphalte (pour ne citer que ces deux exemples) sont des matériaux d'une telle étanchéité qu'ils gardent intactes les vibrations elles-mêmes des personnes qui hantent ces lieux.

Contrairement à la terre ou aux matériaux proches de la terre (le bois, la pierre ou la brique véritable), les revêtements aux composantes de synthèse n'*absorbent* aucune énergie mais renvoient toutes les vibrations qu'ils reçoivent, transformant les lieux qu'ils encadrent en un vaste terrain de «boomerangs vibratoires».

Si les émanations et les vibrations des personnes qui fréquentent ces lieux étaient toutes orientées positivement, il y aurait déjà moins de problèmes... Mais...

Les personnes qui ont vu le beau film de Wim Wenders, **Les Ailes du Désir** (mettant en scène des anges qui aident les humains dans des lieux publics, rues, métro, bibliothèques, etc.), peuvent avoir une bonne idée de ce que peut générer un lieu où toutes les pensées et les émotions des êtres humains s'accumulent. Cela crée un véritable «bouillon de culture» qui se concentre et se renforce avec le temps et la densité de la population.

Heureusement, quelques architectes inspirés ont conçu des immeubles de verre qui offrent une alternative plus bénéfique. Car, si le verre n'absorbe pas, à proprement parler, il offre une transparence et une profondeur de perspective qui, sur le plan énergétique subtil, ont tout de même un effet buvard sur les vibrations qu'il reçoit. De plus, par la silice qui est l'une de ses composantes, le verre est apparenté aux énergies cosmiques de la Lumière. Parenté qui a une double action: le verre reflète la lumière de l'espace et cette réflection a évidemment un effet bienfaisant sur l'être humain; réciproquement, il renvoit dans l'espace tout ce qui se reflète sur sa surface, allégeant ainsi, quelque peu, l'atmosphère des lieux qu'il structure.

Ces considérations ne sont pas une simple parenthèse. Elles nous démontrent que l'incompréhension des lois énergétiques de la Matière organisée peut générer un environnement malsain, à tous niveaux, pour l'être humain ; réciproquement, un usage conscient et judicieux de ces Lois peut réellement assainir l'environnement.

La résurgence généralisée d'un certain besoin de spiritualité peut-elle contribuer à une reconnaissance plus généralisée, elle aussi, de ces grandes Lois Universelles du Vivant?

Certes, après la crise de l'athéisme, en Occident, ce besoin de «Religieux» (au sens large) qui ressurgit est un bienfait. Cependant nous devons être attentifs à ne pas basculer dans un autre extrême (ou extrémisme) et renier la Matière parce que nous révoquons le matérialisme.

Le piège est subtil mais il existe – et son concept est savamment orchestré par les prédicateurs qui prônent l'acceptation de la souffrance et la résignation, en trafiquant les paroles du Maître de Vie, Jésus, qui disait: «Mon Royaume n'est pas d'ici-bas.»

Plus subtilement, nous sommes «piégés» par cette incompréhension de la Matière lorsque nous «courons» les thérapies psycho-physiologiques au détriment de l'*Écoute Active*... de La Vie, à travers les choses qui nous entourent, les rythmes des saisons, les transformations du temps et de La Nature, jour après jour, etc...

La solution, pour retrouver cette conscience écologique de La Vie, est-elle le «retour aux sources», la vie à la campagne? Ce n'est pas automatique! Car vivre à la campagne, même si l'horizon est plus vaste et l'air un peu plus pur, ne signifie pas nécessairement *vivre avec La Nature*.

La campagne peut s'avérer un «cadre» de vie agréable mais demeurer seulement un «cadre», si la Conscience Écoloqique n'est pas au rendez-vous. Vivre avec La Nature est d'un autre ordre: il ne s'agit plus de cadre mais de *relation*, de *sensibilité* et de *communion* avec les Forces Vitales et Spirituelles de La Nature.

Et c'est cette sensibilité régénérée qui, à son tour, régénérera le *sens* même de notre existence.

L'écologie, au sens ordinaire, est un baume véritable pour tous les cancers qui grugent La Nature et nos contextes de vie... à condition d'écourter les phases d'alerte et de dénonciation pour passer à l'Action Régénératrice, chaque jour, là où nous sommes.

La véritable Écologie est une coopération consciente et éclairée, de tous les instants, avec la matière même de notre environnement.

La Nature et l'Humanité sont toutes deux des enfants de La Vie ! Pour l'une comme pour l'autre, il est urgent de reconnaître cette filiation cosmique, commune... et communautaire.

> «Par notre corps et nos incarnations,
> nous sommes de la Terre.
> Elle est un Grand Jardin
> dont nous sommes les Semences,
> de la Graine à l'Humain. »

Ainsi, nous devons comprendre que la source et les ressources de notre vie sur terre sont intimement reliées aux cycles naturels, à ce qu'ils nous procurent et à ce dont ils témoignent. C'est au cœur de cette communion consciente que se révéleront les modes et les moyens – spirituels et temporels – aptes à assurer la régénération effective de la Terre et de l'Humanité.

Un autre piège peut alors se présenter: celui de se retourner vers le passé pour retrouver des modes de vie «naturels», en vigueur à l'époque de nos ancêtres, proches ou plus lointains.

Illusion ! Comme l'eau des rivières va toujours à la mer, La Vie, sous toutes ses formes, a pour fondement de son dynamisme : le Renouveau! Rien ne nous assure que l'eau de la pluie qui retombe est la même que l'eau précédemment évaporée.

Entre ces deux phases, il y a eu de nombreuses interférences et transmutations.

Même les cycles naturels sont évolutifs. Leur mouvement commun et continu est celui de la spirale qui s'élève en s'ouvrant à un champ d'expression toujours plus vaste : nul ne revit jamais le même contexte, ni la goutte d'eau ni l'âme humaine. Il ne sert à rien de s'en affliger, il faut, au contraire, s'en réjouir!

Par conséquent, il faut bien comprendre qu'il est illusoire de rechercher, dans le passé, un mode d'expression véritablement utile pour notre présent. De plus, nous «sommes» notre passé : il fait partie, sur un plan individuel et sur le plan collectif, de nos acquis et de notre «tournure d'esprit» d'aujourd'hui.

Les «leçons» du passé sont des outils de conscience, toujours disponibles à la mémoire de l'individu ou du groupe qui en a besoin, au moment où il en a besoin : cela est valable pour les incarnations précédentes autant que pour les étapes de La Vie présente. Faire confiance à La Vie est le gage des plus justes conseils.

Le passé, récent ou plus lointain, n'est utile que s'il est naturellement intégré dans un contexte vivant et viable aujourd'hui. Chercher à retracer ou à reproduire des dynamiques du passé est rarement évolutif, pour la construction du Présent et de l'Avenir!

Se retourner sur le passé peut servir à la compréhension de nos origines; mais, de même que l'enfant ne reste pas à l'état d'enfant, il nous faut, en conscience et en pratique, éviter de stagner entre hier et maintenant, soit personnellement, soit collectivement : la nostalgie du passé est une énergie stagnante et bourbeuse qui engloutit, insidieusement, les capacités de Joie et de Courage si nécessaires aux serviteurs du monde... d'aujourd'hui.

L'Art Visionnaire – en tant qu'art de vie – est une dynamique préférable à la culture du souvenir!

Ainsi, il est plus impératif, pour notre Survie commune (celle du genre humain et de sa compagne de vie, La Nature) de retrouver le Sens de notre Parenté Cosmique et Naturelle que de chercher à renforcer une appartenance raciale, religieuse, patriotique ou patrimoniale.

De toute façon, les éléments culturels du passé qui servent et honorent La Vie, survivent, naturellement, aux civilisations qui leur ont donné le jour. Il n'est d'aucune utilité de chercher à faire revivre ce qui tombe tout aussi naturellement dans l'oubli.

Il faut faire confiance à La Vie; répétons-nous souvent cette invitation. Il faut faire confiance au *bon sens* de La Vie, au-delà de toutes les tendances conservatrices, partisanes, «homologantes» ou avant-gardistes.

Le contact conscient avec La Nature Vivante et l'observation de la puissance de raffinement de la matière organisée sont les plus sûrs garants de l'établissement de la Terre Promise.

La Terre Promise n'est pas l'instauration d'une humanité idyllique (selon des critères, parfois dangereux, qui peuvent fortement varier en fonction des identifications socioculturelles!).

La Terre Promise est l'affaire de chacun: elle sera révélée, progressivement, par notre ré-harmonisation respective avec la Planète et l'Humanité dont nous sommes solidaires, avec La Nature dont dépendent le souffle et la matière de notre existence, avec les choses que nous choisissons pour contextes et compagnes de vie et avec le sol même que nous foulons.

3

La matière sacrée

Les Cieux racontent la Gloire de Dieu,
l'ouvrage de ses mains, le firmament l'annonce;
le jour au jour en publie le récit
et la nuit à la nuit transmet la connaissance.

Non point récit, non point langage,
point de voix qu'on puisse entendre;
mais sur toute la Terre en ressortent les lignes
et les mots jusqu'aux limites du monde.

Psaume 18 (*extraits*)

La *compréhension* de la communion de la Matière et de l'Esprit était le propre de l'Ère des Poissons que nous sommes en train de quitter. Jésus, le Maître de Vie de cette ère, a non seulement enseigné cette compréhension mais il l'a *démontrée* tout au long de sa vie !

Cette fonction de l'Ère des Poissons est clairement représentée par l'idéogramme du Signe correspondant :

Esprit   )(↓   Matière   Père   )(↓   Fils
                                              Saint-Esprit

Union des deux niveaux   (ou La Mère Universelle)

Le propre de l'Ère du Verseau dans laquelle nous entrons est la *démonstration* de cette compréhension de l'unité de la Matière et de l'Esprit.

L'idéogramme du signe du Verseau représente clairement, lui aussi, cette Loi merveilleuse du sens de La Vie et de la Matière Sacrée:

«Sur la Terre comme au Ciel»: 〜〜

La Trinité est toujours présente:

Ciel	Esprit	Père
Espace	Énergie	Mère
Terre	Forme	Fils

C'est en reconnaissant «Le Ciel» ou la Puissance Spirituelle infusée et à l'œuvre dans la vie de La Nature, que nous pourrons la reconnaître et la révéler, plus consciemment, dans et par notre être et notre propre vie.

Cette organisation tripartite de La Vie Manifestée fut représentée, au cours des âges, par de nombreux symboles.

Mais c'est dans le mantram sacré «AUM» (prononcez A-OU-M) que nous pouvons le mieux ressentir ce mystère... révélé!

Ce mantram devrait d'ailleurs être inscrit de façon descendante ou bien synthétisée, afin de bien respecter et intégrer le pouvoir énergétique qu'il représente: ꞏA
                                                        U
                                                          M↓

– *en graphisme «descendant»:*
on commence par l'invocation de cette Trinité et on termine son évocation, c'est-à-dire sa révélation à travers la Matière puis la Forme;

– *en synthèse ou monogramme:*
vous pouvez vous exercer à reproduire ce graphisme, avec

toute la liberté artistique propre à votre sens esthétique: cette pratique peut s'avérer en soi (et en-Soi!) une sorte de méditation active d'une puissance instructive surprenante.

«L'essentiel du symbole, affirmait Coleridge, réside dans la diaphanéité qui laisse transparaître l'Éternel à travers le temporel.»

Remarquez que ce monogramme sacré intègre, incorpore et consacre, dans un seul et même mouvement, les trois symboles de l'organisation spirituelle tripartite de La Vie.

Remarquez aussi que le graphisme du U soutient celui du M qui en est le prolongement, tout comme l'enfant naît de la mère et que la puissance d'incarnation représentée par le A se voit totalement accomplie par son embrassement avec le pouvoir créatif du U!

Notez enfin, pour la joie de la conscience analogique, que le M grec (μ) se prononce, dans l'alphabet grec: MU. Ce symbole grec était aussi, dans cette civilisation, un signe numérique ayant pour valeur... quarante (40)... chiffre consacré d'une réalisation... dans la Matière: la quarantaine!

AUM signifie : « Et le Verbe s'est fait chair et Il a habité parmi nous. »

- *Le* **A** *invoque et évoque :*
  - Le Principe Divin masculin concepteur
  - La Puissance du Père
  - L'Impulsion Originelle
  - La Volonté de Bien
  - L'Esprit (ou l'Étincelle Divine en l'être humain)
  - Le monde des Archétypes (les Qualités Angéliques)

- *Le* **U** *invoque et évoque :*
  - Le Principe Divin féminin créateur
  - Les Pouvoirs de la Mère
  - La Substance Universelle
  - L'Intelligence Créative
  - L'Âme (de l'être humain)
  - Le royaume des Devas (ou anges constructeurs – ou âmes de La Nature et de la Matière organisée, en général)

- *Le* **M** *invoque et évoque :*
  - Le Principe Christique de l'Accomplissement
  - La Manifestation du Fils
  - Le Miracle (ou « signe » temporel de la Présence Divine)
  - L'Incarnation de l'Amour-Sagesse
  - Le corps-personnalité (de l'être humain)
  - Les « esprits » des quatre Éléments (à l'œuvre dans le plan physique)

La Numérologie – Science ou Sagesse des Nombres – qui est de plus en plus utilisée comme instrument de connaissance (ou de re-connaissance) personnelle est, en partie, originaire de la Kabbale, terme hébreu pour désigner «La Tradition»: tradition ésotérique de la «Science du Verbe», connaissance ésotérique de la structure secrète et sacrée de l'Univers.

Les Nombres, à travers diverses configurations géométriques, spatio-temporelles ou alchimiques, président à toute l'architecture de la matière organisée, depuis l'âme de l'être humain et des éléments jusqu'à leur manifestation en un tout cohérent.

De zéro (0) à neuf (9) – et bien au-delà! à travers la multiplication ou la synergie de leurs valeurs – on retrouve toujours les nombres et leurs valeurs sacrées spécifiques à la base et dans la composition de chaque forme:

- Dans la nature, des exemples évidents nous sont offerts à l'infini.
- Dans notre corps, c'est un réseau de combinaisons harmoniques qui constitue l'équilibre de notre organisme.
- Dans nos habitats, la science des nombres est la base indispensable de... l'assise stable de toute construction.

Toutes ces données sont-elles l'effet d'un vulgaire «hasard» ou bien la constance révélée d'une Infinie Présence de Bien, d'Amour et de Sagesse, toujours disponible et «à l'œuvre» dans et sur la Terre du Vivant?

Non, cette Mère et cette Matrice Universelle, irradiée par une irrésistible Volonté de Bien se révèle constamment; par exemple, depuis l'essence d'un arbre jusqu'à la plus fine nervure de sa plus tendre feuille, d'une année à l'autre, malgré les intempéries et les changements de saison.

Ce pouvoir continu de Régénération et de Raffinement *nous* est toujours disponible, dès que nous faisons tomber les

– capable de respirer sans l'atmosphère?

– capable de se désaltérer sans eau?

– capable de s'alimenter sans les fruits de la terre, sous diverses formes?

Mais, un jour ou l'autre, lorsque notre cœur trop inquiet ou notre pensée trop confuse nous plongent dans le malaise, c'est dans les bras de notre Mère à tous, La Nature, que nous revenons chercher réconfort, soutien et réconciliation avec La Vie.

Car l'Homme ne peut pas toujours adéquatement aider son prochain. Les mots et les gestes dont il se sert sont passés au crible de sa personnalité; il faut une grande pureté et une grande unité de l'être pour que les rayons de La Vie Une puissent s'infuser parfaitement à travers la parole ou le geste humains.

La Nature parle et manifeste, sans confusion, le langage de La Vie. Alors nous comprenons que, à son contact, nous remplacerons les méandres ou les illusions du savoir par l'*Expérience Sensible* de son infini pouvoir de régénération.

De même que l'étoile et d'autres signes naturels guidèrent les mages et les bergers, dans leur quête du Nouveau-Né qui allait révéler le Christ, à travers Sa personnalité humaine, de même les cinq rayons de notre sensualité sont des antennes qui nous permettent de reconnaître la puissante beauté de l'Esprit, au cœur de toute matière.

Le contact fréquent et conscient avec les Forces de La Nature Vivante est un espace privilégié pour affiner et élargir notre sensibilité à La Vie (ou sensualité):

– voir « plus » ou au-delà du visible;

– entendre « plus » ou au-delà de l'audible;

– sentir « plus » ou au-delà de l'odeur;

– goûter « plus » ou au-delà de la saveur;

– toucher « plus » ou au-delà de la texture...

Cette sensualité sublimée est un potentiel extraordinaire de l'âme; mais elle est aussi une capacité à développer, pour passer de l'apparence des choses à leur transparence (ou essence), pour ressentir leur essentielle beauté et puissance au-delà de l'imperfection existentielle.

Notre existence corporelle n'est pas une entrave à la vie spirituelle; au contraire, elle en est l'espace et l'opportunité. Et notre sensualité est une servante merveilleusement instrumentale que La Vie nous a confiée pour explorer les multiples résonances de La Nature et de l'existence.

La sensualité est le Pentacorde de l'âme... pour célébrer et communier à La Vie! Le pentacorde (du grec pentakhordon) était un instrument de la Grèce antique, à cinq cordes, proche parent de la lyre; cet instrument était souvent utilisé par les vestales dans les temples ou bien par les participants aux rituels d'Actions de Grâces rendus aux dieux tutélaires.

Ce même terme, pentacorde, désigne aussi un système de cinq sons conjoints formant une quinte juste, système musical en usage chez les anciens Grecs. Analogiquement, cela signifie que notre sensualité devient sacrée ou consacrée lorsque nos cinq sens sont unifiés pour correspondre, résonner à la Tonalité Sacrée de La Vie et non pas lorsqu'un sens prédomine dans notre exploration de la matière.

C'est la signification de la « quintessence » – ou cinquième essence: la dimension éthérique, subtile qui est la synthèse et l'au-delà des éléments plus tangiblement identifiables: la terre, l'eau, l'air et le feu.

Mais c'est aussi le cinquième sens, la vision, la vue qui englobe et dépasse les quatre autres sens, car elle est à la frange de la sensibilité physique. Le toucher, le goût, l'odorat et l'ouïe ont, tous les quatre, une résonance physique sur notre organisme; la vue, beaucoup moins, mis à part l'impact des formes, des couleurs et du rayonnement des objets vus ou visionnés. Au-delà, la vue est surtout un sens plus intérieur, par la résonance et la réflection de ce qui est vu sur le « miroir psychique ». Et c'est généralement cette « projection intérieure » qui

«Le processus de la Manifestation, chez l'être Humain et dans La Nature, constitue un Pont Sacré, une Voie ou un Arc-en-Ciel de Bénédictions entre l'Essence et l'Existence.»

5

Les cultures traditionnelles et la coopération avec La Nature

La culture industrielle et celle qui lui succède posent les fondations d'une culture planétaire, d'une façon particulière, mais les cultures traditionnelles ont, elles aussi, fait l'expérience d'une culture planétaire.

La vôtre se fait à travers la technologie, tandis que la leur se faisait à travers une harmonie directe avec la terre et l'esprit du monde. Les deux sont importantes et leur synthèse vous donnera les fondations de votre avenir...

Vous pouvez voir la direction vers laquelle tendent les cultures traditionnelles dans leur alignement avec l'âme du monde. Vous pouvez devenir des pionniers, pour explorer ensemble une tradition émergente. Tous les peuples traditionnels du monde sont importants. Une communication et un échange corrects avec eux seront un élément important du travail spirituel et physique de l'avenir!

DAVID SPANGLER

(*Lumière vers 1990.*
Conversations avec John)

Cette longue citation de David Spangler est d'une extrême importance pour amorcer ou approfondir une véritable démarche de ré-harmonisation avec l'âme du monde.

La culture érudite, spécifique aux Occidentaux et, plus largement, aux Indo-Européens (incluant les grandes cultures du bassin méditerranéen), constitue une fantastique banque mémorielle pour le disciple de la vie d'aujourd'hui. Car, à la faveur de leurs nombreuses pérégrinations, ces peuples ont pris contact avec les autres grandes traditions planétaires, en particulier celles du grand bassin asiatique, du monde juif et des civilisations musulmanes. Cette tradition érudite est à la base de toutes les grandes civilisations sédentaires qui ont consigné dans des tablettes et des manuscrits leur compréhension des mécanismes et des structures de l'Univers, de la psychologie et de la physiologie humaine, etc. Cette culture érudite a établi les fondements des merveilles architecturales et artistiques que nous connaissons encore.

Mais, au fur et à mesure que les facultés intellectuelles prenaient de l'emphase dans leur approche de La Vie, ces peuples ont, petit à petit, perdu le sens du Sacré et du Vivant qui était pourtant à l'origine de leurs civilisations.

Aujourd'hui la démarche érudite (à laquelle se réfèrent une grande part de l'ésotérisme et des grandes religions) ne constitue plus qu'un tiers du parcours, dans cette voie de la Réconciliation avec La Vie.

Les deux autres tiers sont constitués par l'approche des cultures traditionnelles naturelles et par l'approche métaphysique – régulièrement enseignée et démontrée par les Grands Maîtres de Vie et les Prophètes: mais cette culture de La Vie «avec» et «au-delà» du physique (c'est le sens du préfixe «meta») a souvent été dévitalisée, altérée ou défigurée par ses disciples successifs, par ignorance, inconscience... ou malveillance.

L'enseignement du miracle, souvent controversé par les religions officielles aussi bien que par certains groupes *«d'ésotéristes»* est un exemple et un aspect majeur de cette tradition métaphysique; en même temps, il démontre les limites de la tradition érudite.

Mais ce qui nous intéresse plus directement, dans cette présentation, c'est la tradition naturelle.

Car elle peut constituer, pour les vivants d'aujourd'hui, le *pont* de réconciliation entre l'érudition et la métaphysique ; ainsi l'individu, réconcilié, à son tour, avec la totalité de lui-même et de la civilisation universelle de l'être, pourra retrouver, avec plus de clarté et de bonheur, la Voie de *La Vie Une et Bienfaisante.*

Les cultures traditionnelles naturelles sont disséminées un peu partout sur la Terre : elles constituent des zones-réflexes et des points d'acupuncture et de revitalisation de la Terre et de l'Humanité, par leurs capacités innées d'harmonisation avec les forces vives de La Nature.

Mais, étant... par nature... pacifistes, ces cultures furent exploitées (c'est là un euphémisme !) par les «érudits», beaucoup plus agressifs, parce qu'ils s'étaient éloignés de la compréhension du Cœur !

Parmi bien d'autres, l'Amérique (du Nord et du Sud) est un espace privilégié pour cette «re-connexion» avec les civilisations naturelles.

Mais, une fois encore, la qualité de cette «re-connexion» dépendra en grande partie des Blancs, de leur capacité et de leur réelle bonne volonté d'ouverture et de coopération.

Un mouvement de réconciliation est déjà amorcé : en témoigne l'attirance croissante des Blancs pour la spiritualité et la médecine amérindiennes.

Cette attirance est bienfaisante dans la mesure où les Blancs effectuent cette rencontre, le cœur ouvert ; en laissant au grenier (ou au «sous-sol») de leur mémoire, leur tendance à l'analyse et à l'exploitation qui fait avorter l'esprit de Communion.

Adopter les coutumes, les usages, le langage ou les rituels des Amérindiens est moins important que de laisser *infuser*, en nos cœurs et en nos consciences, les qualités et les capacités d'Harmonie avec La Nature qui les caractérisent.

Par exemple « le choix d'un rituel, affirme Richard Kistabish, chef Algonquin, doit toujours venir d'une motivation particulière »... Ce geste s'inscrit dans un contexte global de communion attentive aux mouvements de La Vie; et souvent l'Occidental dévalue ou décharge de leur puissance curative, ces rituels car il les « pratique » avant d'avoir imprégné sa conscience de l'esprit du vivant et du sacré qui les motive.

De même, vivre dans un tipi ou adopter le langage religieux des Amérindiens ne nous rapprochera pas nécessairement de l'âme amérindienne si nous ne savons pas, en premier, reconnaître et susciter l'émergence du Vivant et du Sacré dans nos propres usages de la matière, nos maisons, nos institutions, nos objets usuels, nos pratiques et notre conscience de « la Cité », de l'Échange, etc.

Ici comme ailleurs, aujourd'hui comme autrefois, mettre la lettre avant l'esprit ou la charrue avant les bœufs ne *sert* pas la régénération de La Vie.

On peut faire du « tourisme spirituel »... faire un tour du côté des traditions de l'autre mais si ce voyage au pays de l'autre ne génère pas une transformation positive dans la gestion de notre propre environnement quotidien, la visite ou le contact n'a pas été « communiel »!

Les *formes* exprimées par les traditions des Amérindiens leur appartiennent en propre. Essayer de se les approprier est aussi vain que de vouloir changer de peau!

Comprenons-le bien, ce que nous devons *assimiler*, c'est l'esprit immanent de leurs Traditions, les messages et les forces de communion avec La Vie sensible dont leurs traditions sont des viatiques; et régénérer, avec cet esprit, le cheminement de nos propres traditions.

Il nous faut, en premier lieu, sortir des incohérences. Célébrer la « découverte » de l'Amérique est un blasphème envers l'âme de l'Amérique et ses premiers habitants qui ont subi, depuis des siècles, les génocides et les assimilations de leurs « découvreurs ». Ce dont l'Amérique et la Terre entière ont besoin, c'est de la célébration du Pardon, demandé et accordé, de la célébration et de la coopération des diverses richesses culturelles qui font de l'Amérique un creuset planétaire : ainsi la terre d'Amérique sera à la hauteur de sa destinée... une terre d'exercice du véritable Nouveau Monde !

Il en est de même pour le continent européen : la fondation de l'Europe Unie et sa fusion avec les cultures du bassin méditerranéen sont un autre foyer d'élaboration du Nouveau Monde.

Pieds nus sur la terre sacrée, tel est le titre d'un ouvrage de Teri MacLuhan qui rassemble des textes où les Indiens d'Amérique du Nord parlent de leur genre de vie et de leur Tradition.

Au début de ce siècle, le Nord du Canada était encore un ensemble de territoires à leur mesure. Mais, une fois encore, l'élaboration des grands barrages hydro-électriques (dont l'utilité n'est pas toujours justifiée !) les a délogés et a piétiné leur cœur, en déchirant la Terre Sacrée de leurs ancêtres et de leur Foi. Cependant, malgré cet éparpillement des terres et des traditions amérindiennes, l'Âme amérindienne n'est pas morte.

Étant profondément unie à la terre d'Amérique, elle vibre à travers elle, du Nord au Sud ; et dans la plupart des lieux où La Nature est libre, l'une et l'autre se confondent, donnant à ce terroir une puissance spécifique qui est diffusée dans l'aura ou l'atmosphère subtile de toute l'Amérique.

(Ce fut la première *impression* qui résonna profondément dans mon âme, à mon arrivée sur ce continent en 1978... alors que j'étais encore dans l'avion !

Très vite, j'ai eu l'opportunité de ressentir et d'expérimenter ce que signifie «la terre sacrée» puisque j'ai été guérie de graves problèmes physiques, physiologiques et psychiques, grâce à ces «Retrouvailles».)

La terre d'Amérique est très riche d'Enseignements pour l'Occidental qui veut s'instruire auprès d'elle !

Nous pouvons aussi évoquer une autre composante américaine (Amérique du Nord, en particulier) de la Tradition de La Nature. Il s'agit de l'Âme celte.

Dans une communication datant de plusieurs décennies, l'astrologue américain d'origine française, Dane Rudhyar, disait: «Rappelez-vous, Canadiennes, que vous descendez en droite ligne des Druides qui sacrifiaient aux étoiles dans les forêts armoricaines». Il ajoutait: «Les Canadiens sont des héritiers des Celtes, donc des "voyants"...»

Oui les Canadiens, d'origine européenne, comme la plupart des peuples anglo-saxons possèdent un puissant héritage celte qui imprègne toujours, de façon plus ou moins révélée, l'arrière-plan de leurs mentalités et de leur résonance à La Vie. Or, l'une des grandes orientations de l'Âme celte était la voyance (la médiumnité aussi), en particulier envers le monde suprasensible de La Nature et des éléments.

Leur initiation religieuse était Écologique, au sens large et spirituel de ce terme.

Tous leurs rituels étaient des rituels d'union avec les forces et les pouvoirs de La Nature.

Ces capacités font encore partie, plus ou moins consciemment, de l'âme anglo-saxonne: la luxuriance inspirée et régénératrice des jardins «à l'anglaise», les formes raffinées (et parfois trop exubérantes dans leur opulence) de l'architecture et de l'art victoriens témoignent de cette connexion avec les lignes de forces et la luxuriante générosité de La Nature.

Les civilisations érudites ont mis l'accent sur Dieu le Père, Dieu-Principe.

Les civilisations de La Nature nous reconnectent avec Dieu la Mère et la merveilleuse Force d'organisation, d'abondance, de raffinement et de régénération de La Nature.

Les civilisations de La Nature nous aident à reconnaître et à retrouver la Puissance et la Présence Divine immanentes de la Matière.

En réintégrant l'âme de ces civilisations de La Nature, nous retrouverons le sens de l'Invisible, comme Force immanente et secours du visible.

Il est d'ailleurs réconfortant de constater que cette réconciliation est amorcée, même dans des milieux qui considéraient comme panthéiste et contraire à leur Croyance tout rapprochement religieux du Naturel et du Spirituel.

En témoignent ces propos tenus par le Père Maurice Cocagnac, prêtre et dominicain catholique français, au retour d'un séjour au Mexique où il rencontra Pachita, une guérisseuse Amérindienne:

> «Certaines civilisations ont un passé que l'on aurait tort de considérer comme définitivement révolu. La mémoire qui les conserve n'est pas un simple enregistrement, mais une faculté active qui détecte leur pouvoir de transformation et de renaissance... Nous pouvons tous en bénéficier!»

Nous pouvons dire «oui» à la Puissance Spirituelle de La Nature, sans renier la foi de nos origines. Car nous retrouverons la voie et la joie de la Réconciliation et de l'Harmonie, quand nous donnerons la primauté à La Vie plutôt qu'à nos dogmes ou à nos doctrines.

La «résurgence de l'Atlantide», prophétisée par certains médiums, n'est pas nécessairement la «ré-émergence» physique de ce continent perdu! – Cette «vision» séduit beaucoup l'imaginaire occidental qui aime se nourrir de fantastique... ou de fantasmes. – À la faveur de ce que nous venons d'évoquer, nous pouvons, avec plus de sûreté, «prophétiser» que ce sera plutôt, comme un pont énergétique lancé par-dessus l'Atlantique, la réconciliation-harmonique des civilisations de l'Érudition avec les civilisations de La Nature (physique et métaphysique): réconciliation qui permettra de reprendre le travail inachevé de cette civilisation perdue, afin de poursuivre en toute conscience l'élaboration de la Terre Promise et du Paradis Terrestre: l'établissement du Royaume de Dieu sur la Terre des Vivants.

«L'Émerveillement de l'Enfant devant une humble fleur des champs est un *passeport* pour retrouver le Royaume Sacré des Choses de La Vie !»

DEUXIÈME PARTIE

Rythmes et Dynamismes de La Vie sur Terre

1

L'éveil et les énergies diurnes

Entre hier et demain,
je fête un autre Jour
au lieu-dit le temps mûr.

EDMOND VANDERCAMMEN

Le Jour est une énergie d'Éveil

Le jour est essentiellement une énergie d'éveil, d'activité, de conscience et de mouvement.

Chaque journée est une vague dans l'océan de notre vie.

Minuit en est le creux, midi en est la crête.

Dans l'océan, chaque vague est précédée et suivie d'une autre vague. Chaque creux de vague est le lien ténu et fluide entre deux vagues.

Et l'ensemble de ces vagues forme le flux et le reflux, inlassablement, d'une marée à l'autre.

Ainsi en est-il de notre vie.

Par le point de non-retour que représente minuit, chaque journée est reliée à la journée précédente et prépare la journée suivante.

Selon l'orientation et l'intensité de nos énergies diurnes, nous ferons de notre quotidien une « mer d'huile » ou une tempête.

Être éveillé ne signifie pas seulement être sorti du sommeil et du repos nocturne mais aussi être actif et vigilant, c'est-à-dire exercer avec dynamisme, attention et amour le travail ou les responsabilités que nous avons choisies.

Si notre genre de vie ne nous convient pas, l'énergie d'éveil du Jour nous donnera la clarté pour identifier ce que nous ne voulons plus et ce que nous voulons réellement. Car la présence du soleil extérieur stimule notre soleil intérieur et clarifie notre conscience.

Le début du jour et l'émergence des énergies de Lumière sont un support tangible pour « mettre à jour » :

– ce que nous voulons vivre ;

– ou bien « comment » nous voulons vivre.

La tombée du jour et la disparition visible des énergies de Lumière sont un support tangible pour « dissoudre » ce que nous ne voulons plus.

Être actif et vigilant signifie aussi vivre consciemment chaque journée.

Durant le jour, nous devons vivre avec notre corps et notre personnalité.

Cependant nous ne devons pas nous investir à 100% dans la personnalité mais garder un peu de « distance » par rapport à ce que nous vivons (événements, rencontres, échanges, etc.).

Il ne s'agit pas de passer notre temps à analyser nos moindres gestes ou nos moindres paroles.

Il s'agit, simplement, d'accepter d'être à la fois le pédagogue et l'élève, dans l'Exercice d'une Journée.

Et concevoir notre vie comme une relation harmonieuse entre les deux :

– si le pédagogue prend trop de place, l'élève n'aura guère le loisir de mettre en pratique les conseils du pédagogue ;

– si l'élève croit tout savoir et agit sans aucune réserve, le pédagogue n'aura guère l'opportunité de lui prodiguer ses conseils.

Cette « distance »-harmonique ou bien cette double présence du pédagogue et de l'élève nous permettra d'éviter les engagements ou les comportements arbitraires. Elle donnera à notre nature supérieure l'opportunité d'affiner notre apprentissage terrestre (tel est le sens diurne de La Vie) et ainsi d'en tirer leçon et profit pour les jours suivants.

Pratiquement, deux comportements très simples peuvent soutenir et favoriser une véritable attitude d'Éveil :

– *au début de la journée* : après notre méditation ou notre prière matinale, terminer en bénissant toutes formes de vie autour de nous... et en nous ! Nos cellules sont un peuple d'entités vivantes dont nous pouvons devenir le maître bien-aimé si nous savons comment vivre « en bonne intelligence » avec elles.

Le maître Omraam Mikhaël Aïvanhov nous donne, à ce sujet, un judicieux conseil : « Si chaque jour, pendant quelques minutes, vous prenez l'habitude de penser à vos cellules et de leur parler, vous pourrez améliorer votre santé. Faites par exemple cet exercice. Placez votre main sur le plexus solaire et dans cette position, adressez-vous à vos cellules : elles vous entendront parce que le plexus solaire dirige toutes les cellules et les processus inconscients de l'organisme : sécrétion, croissance, circulation, digestion, élimination, respiration... Vous pouvez ainsi parler à vos cellules, être entendu d'elles, et cela d'autant plus que votre foi et la puissance de votre pensée seront plus grandes. »

– *tout au long de la journée* : on peut prendre régulièrement quelques minutes pour rétablir le contact avec La Divinité Intérieure, source solaire et lumineuse de notre Vie et de notre Action.

Cela demande seulement un court instant, chaque fois : on cesse toute activité pour concentrer son attention sur cette

– un élan, une impulsion,

– un commencement ou une force de réalisation,

devrait être envisagé ou actualisé durant la Matinée. Car les énergies cosmiques du Matin sont orientées dans le sens de l'épanouissement.

L'*Après-Midi* est le versant occidental du Jour.

L'Après-Midi s'incline vers le Couchant.

C'est donc une énergie de descente, de complétude, de retour ou de retrait.

Ainsi tout ce qui, dans notre vie ou dans notre activité demande :

– une vérification, un ajustement,

– une compilation, un bilan,

– un achèvement ou un règlement,

devrait être envisagé ou effectué durant l'Après-Midi. Car les énergies cosmiques de l'Après-Midi sont orientées dans le sens d'une conclusion.

Midi, entre ces deux versants, est un espace d'apothéose de la Lumière.

(De nombreux ordres monastiques ont gardé ce sens extatique de Midi en observant, au milieu de la journée, un temps de pause et d'action de grâces généralement nommé : «L'heure médiane».)

Oui, Midi est bien l'espace d'une pause extatique sur les sommets lumineux de la mi-temps du Jour.

En musique, une «pause» est l'expression d'un silence, un espace de suspension de l'activité sonore, pour écouter le silence entre deux sons.

Midi est ainsi l'heure sacrée de la reconnaissance envers les énergies d'accomplissement du Matin.

Il est amusant de constater que nos gestes obéissent à cette rythmique cosmique du Jour, sans que notre conscient y prenne toujours part.

Nous pouvons ainsi évoquer les nombreux déjeuners ou dîners d'affaires qui scellent des contrats, des ententes ou finalisent des « affaires en cours ».

Nous pourrions suggérer aux gens d'affaires de privilégier le matin ou midi pour « inaugurer » des contrats et la soirée pour « finaliser » une entente, par exemple, ou bien régler un litige.

Les décisions prises seraient certainement judicieuses car elles auraient le concours des énergies cosmiques correspondantes.

Le coucher du Soleil est le signal d'un couvre-feu cosmique.

Il nous invite à clore ou à conclure les activités en cours.

Il invite les belligérants ou les protagonistes à conclure une trêve, à chercher un espace de conciliation ou de réconciliation.

Le coucher du Soleil nous invite aussi à lâcher prise avec ce qui nous déplaît ou nous tourmente et le confier au feu purificateur du Couchant.

Le Crépuscule est l'espace de transition entre le Jour et la Nuit.

Mais le Crépuscule est orienté vers la Nuit. Il est donc l'espace sacré de préparation à la Nuit.

Il est aussi « le dernier salon où l'on cause »... avec ses proches (parents, amis, voisins ou invités)... ou avec soi-même, pour faire, dans ce cas, « révision de conscience ».

Car telle est bien l'énergie offerte au Crépuscule : une énergie de révision et d'action de grâces, suscitée par notre penchant inné pour l'équilibre et la beauté de La Vie.

D'ailleurs, lorsque les conditions atmosphériques s'y prêtent, le dernier rayon de soleil que l'on perçoit à l'horizon est un rayon vert... couleur sacrée émise par la planète Vénus qui gouverne le signe de la Balance... signe par excellence, d'équilibre, de beauté et d'action de grâces.

Si nous communions ainsi, jour après jour, aux énergies offertes par ces sept portes diurnes de la Lumière, nous passerons irréversiblement de la routine à l'Éveil véritable !

2

Le sommeil
et les énergies nocturnes

... Et voici venir, par de vierges sentiers, le soir sur les pacages solitaires qu'ont désertés les troupeaux ; il apporte dans sa cruche d'or le frais breuvage de la paix, flot de l'océan de repos, pris à la rive occidentale.

RABINDRANATH TAGORE

La Nuit est un buvard cosmique

Après le Couchant, la Nuit apporte la fraîcheur et le repos.

Elle estompe, gomme et engloutit toutes les différences et spécificités de forme que le soleil et le jour avaient mises en évidence.

La Nuit requiert un changement d'énergie, un lâcher prise avec l'énergie du jour. Car nous passons de la veille au sommeil ou, occasionnellement, à la vigile nocturne qui est un processus connexe au sommeil.

Nous passons aussi de l'activité consciente à la passivité et à l'abandon : ultimement, bien dormir nous apprend à bien mourir !

Tout ce que nous avons vécu dans la journée s'est enregistré dans notre subconscient. Si nous avons, consciemment, fait «révision de vie», au Soleil Couchant, nous avons pu évacuer les éléments jugés inutiles à notre croissance, à ce moment-là.

Cependant, il subsiste parfois certaines énergies adverses que nous n'avons pas su clairement identifier et qui demeurent en nous, sous la forme d'une sensation ou d'un sentiment de malaise. La Nuit peut alors aider à «finir le ménage»!

Car, pour qui le veut bien, la Nuit est comme un grand «buvard cosmique» de nos débordements, de nos excès et de nos peines.

L'abandon confiant aux énergies de la Nuit libère notre Âme des attaches trop denses de l'émotivité et des entraves de la pensée consciente limitée.

La Nuit panse les plaies, celles du cœur autant que celles du corps.

Le Sommeil, espace de régénération pour le corps et espace-temps d'instruction pour l'âme

Durant le sommeil, notre personnalité (qui était le lien diurne et conscient entre l'âme et le corps) est, elle aussi, en état de léthargie. Ainsi l'âme et le corps qu'elle essayait d'unifier... ou de contrôler, durant le jour, sont rendus à leurs royaumes respectifs pour être purifiés, nettoyés, restaurés, régénérés.

Le Sommeil confie notre corps à la grande matrice régénératrice de La Nature et notre âme à l'infini initiatique de l'Âme Universelle. Les rêves de la fin de la nuit constituent, généralement, une synthèse des «enseignements» reçus par l'âme durant la Nuit. La frange subtile qui sépare la fin du sommeil du véritable réveil est le moment le plus favorable pour ramener nos rêves à la conscience: la mémoire est fraîche et ouverte et, bien qu'étant déjà éveillés, nous sommes encore tout imprégnés par l'*atmosphère* de nos rêves, dimension et sensation aussi instructives que le contenu du rêve lui-même.

Une bonne préparation au sommeil est un facteur essentiel : la qualité de notre vigile vespérale définira la qualité de notre sommeil.

Si nous nous endormons tendus, crispés, préoccupés ou bien alourdis par une nourriture trop riche ou trop abondante, notre personnalité restera en veilleuse car c'est elle qui est concernée par ces stress ou ces malaises. Cette activité prolongée (de façon indue) de la personnalité est la cause de ce que l'on nomme « insomnie ».

Ainsi, retenue indûment par les forces de la personnalité, notre âme éprouvera quelques difficultés à se dégager et à rejoindre la patrie « céleste » des Écoles Universelles de la Nuit.

Un détail pratique : il convient de prendre le dernier repas de la journée plusieurs heures avant d'aller se coucher, car, au-delà de son aspect mécanique bien connu, la digestion requiert surtout les forces de l'âme pour assimiler les énergies des aliments ingérés *.

Dans tous les cas où l'âme est « retenue » auprès du corps, par une digestion lourde et incomplète ou bien par le stress et les préoccupations de la personnalité, les premières heures du sommeil sont un calvaire pour l'âme qui transmigre alors, de façon indûment prolongée dans le bas-astral où les chimères ont droit de cité ainsi que l'imaginaire débridé, générateur de cauchemars.

Ainsi tout ce qui peut contribuer à nous détendre (*avant* de se coucher), de façon douce et subtile, est un excellent conditionnement pour la libération et l'essor nocturnes de notre âme.

---

* Des précisions seront apportées dans ***Alimentation de Sur-Vie,*** ouvrage en préparation par la même auteure.

Les moyens sont très variés :

– exercices de relaxation et/ou de yoga ;

– respirations amples, lentes et profondes ;

– lectures sacrées ou poétiques (exemple : Tagore), contes
de fées, magazines illustrant des expressions tangibles de
la Beauté (arts, jardins, architectures, paysages, etc.) ;

– contemplation/méditation devant une peinture, une pho-
tographie ou une affiche qui vous inspire ;

– musiques douces et simples (cf. *L'environnement sonore :
l'accordeur de l'âme, p.285*) ;

– écoute des vents et sons de la Nuit (surtout en campagne,
au bord de la mer ou en montagne) ;

– contemplation des étoiles et du ciel nocturne.

Choisissez, adaptez... selon vos goûts et votre nature !

Mais, tandis que notre âme prend quelque distance avec
notre corps, tout en lui restant reliée par le lien subtil dénommé
«Corde d'Argent», notre corps lui-même repose.

Mais, répétons-le : il « reposera » d'autant mieux que la personnalité consciente sera relâchée, laissant l'organisme physique
entre « les mains » des Ouvriers de La Nuit.

Nous savons que, dans le royaume de La Nature, la Nuit
favorise les forces de croissance.

Les forces vitales de La Mère Terre sont très actives la nuit,
de la même façon que c'est dans l'ombre douillette de l'utérus
maternel que l'enfant à naître élabore les composantes de son
corps terrestre.

La Vierge Noire, honorée et révérée, dans de nombreux
sanctuaires (reconnus, par ailleurs, pour les nombreuses
guérisons « miraculeuses » qui s'y opèrent) est un symbole ou
une expression de ces Forces de guérison et de ré-génération
inhérentes à La Nature terrestre et à l'énergie nocturne et
occulte de la Terre.

Ainsi, durant la nuit, des milliers d'entités, depuis les anges
guérisseurs jusqu'aux devas et aux petits « esprits » reliés

spécifiquement aux essences des éléments et des organes, s'activent à la purification, à la reconstruction et à la régénération nécessaires... toujours de l'intérieur vers l'extérieur, éliminant, avec l'aide des forces de la pesanteur, les toxines et les matériaux devenus impropres à la croissance et à l'évolution de l'organisme et de l'être humain: sueurs, humeurs, mucus, urines, matières fécales, etc. Au réveil, la surface elle-même du corps est chargée, physiquement et éthériquement de tous ces déchets qu'il convient d'éliminer, dès que possible, avec la toilette matinale.

(Dès lors, on peut aisément comprendre que les «amours matinales», sans toilette préalable, ne sont pas recommandables: car, à ce moment-là, ce que les partenaires se communiquent, en premier lieu, n'est guère bénéfique!)

«Monter» se coucher

Dans les demeures ancestrales, les chambres étaient toujours situées à l'étage... «en haut».

On «montait» se coucher!

Cette conception et cette organisation de l'Habitat étaient en harmonie avec les Lois de l'Univers et la vie de l'Âme.

Durant le jour, l'âme doit s'incarner totalement, «descendre» dans la Matière pour continuer ses apprentissages terrestres.

Ainsi, au lever, on enfile un ou plusieurs vêtements et l'on «descend» reprendre contact avec l'activité d'une nouvelle journée. (Auparavant on s'était lavé pour débarrasser le corps des toxines ou déchets évacués de l'intérieur vers l'extérieur pendant la nuit.)

Tous ces gestes matinaux ne sont pas seulement d'ordre physique. Ils représentent, à l'aube de chaque journée, l'anniversaire de notre naissance et d'une incarnation de notre âme. Chaque matin, nous contractons une nouvelle alliance et un nouvel engagement avec La Matière et La Vie.

Le soir, on « monte » se coucher. On quitte le rez-de-chaussée qui représente l'espace physique et la matière. On se déshabille : ce geste complète le précédent. Puis on se couche : l'horizontalité est l'attitude de l'impassibilité du corps et de la matière inanimée. Et lorsqu'on ferme les yeux, ce dernier geste conscient marque notre retrait du monde visible et tangible.

Les chambres situées « en haut » sont donc des amies précieuses du sommeil. Car elles nous permettent vraiment de « quitter » l'activité du Jour... en changeant d'étage... à tous niveaux !

Cependant nos maisons modernes n'offrent pas toujours cette opportunité. Bien souvent, elles ne comportent qu'un seul étage.

La situation est similaire lorsqu'on vit en appartement. À ce moment-là, il convient d'apporter plus d'attention à l'organisation de la chambre elle-même. (Ces conseils sont aussi valables pour les chambres situées à l'étage supérieur.)

En règle générale, il est toujours préférable que les chambres soient situées du côté le plus paisible de l'habitation.

Tous les matériaux utilisés devraient être faits à partir d'éléments naturels :

– planchers en bois ;

– moquettes et tapis en laine, corde ou coton ;

– meubles en bois, rotin ou osier ;

– lit orienté Nord/Sud ou Est/Ouest (sens des influx solaires), la tête étant située au Nord ou à l'Est ;

– oreillers, édredons, couettes et « douillettes » en plumes, duvets, ou matières végétales non putrescibles et bien séchées ;

– couvertures de laine ou de coton ;

– matelas de laine, de crin ou de coton, enveloppé d'une toile naturelle (genre coutil: toile de coton au tissage serré);

– stores et rideaux en lamelles de bois (stores vénitiens), toile, cotonnades, soieries ou dentelles naturelles;

– draps de cotonnades. À ce propos, si l'on en dispose ou si l'on peut s'en procurer, les meilleurs draps sont les draps de toile de coton à texture granitée et un peu rugueuse – comme les draps des trousseaux de mariage de nos grand-mères ou arrière-grand-mères! (Certaines compagnies en fabriquent toujours, informez-vous dans les magasins spécialisés en lingerie de chambres.)

La fraîche rugosité de ces draps effectue, durant la nuit, un micro-massage sur l'épiderme du dormeur. Ce massage favorise la respiration de la peau et la détente du système nerveux.

Évitez de laver vos draps avec des produits de lessive non naturels. Évitez surtout de les faire sécher dans une sécheuse électrique! Et toutes les fois que cela est possible, faites-les sécher à l'air libre (les jours de grand soleil surtout).

Le soleil leur redonnera non seulement de l'éclat mais imprégnera leurs fibres de ses énergies hautement revitalisantes!

Gardez vos draps bien rangés, au frais et au sec avec des brins de lavande ou bien des billes de cèdre ou autres conifères, plantes et arbres extrêmement condensateurs et catalyseurs d'énergies solaires.

– enfin, les appareils électriques majeurs: télévision, enregistreuses, radio, calculatrices, ordinateurs, etc. devraient être *bannis* d'une chambre à coucher. Si l'on a une radio, il faut la débrancher avant de se coucher. (Le radio-réveil n'est pas un bon compagnon, il est la cause de bien des tendances insomniaques!)

Si, provisoirement, vous dormez dans une pièce où vous travaillez, cessez toute activité intellectuelle au moins une heure avant de vous coucher.

Car les énergies de l'activité mentale étant très «électriques», elles tiennent en éveil et en alerte le système nerveux et, par conséquent, elles ne favorisent pas du tout le sommeil.

Si tel est votre cas, faites ce qui est à votre portée pour *changer* l'atmosphère de la pièce: aérez, si possible, faites brûler de l'encens doux ou bien une chandelle parfumée aux essences de plantes relaxantes, tamisez les lumières, écoutez une musique douce et paisible, etc. (mettez en pratique les conseils donnés au début de ce chapitre)... mais faites tout cela *avant* de vous coucher! À cet effet, un bon fauteuil est un accessoire fort utile dans une chambre, à condition que vous puissiez vous y asseoir bien droit et confortablement.

Ces conseils s'adressent particulièrement aux étudiants qui ne possèdent pas toujours une chambre *et* un bureau ainsi qu'aux écrivains, chercheurs, professeurs qui auraient leur bureau dans leur chambre.

D'ailleurs, dans le cas de travaux ou d'études inachevés, cessez toute activité intellectuelle avant que la soirée ne soit trop avancée (22 heures au maximum) et levez-vous un peu plus tôt le lendemain matin: le système nerveux, régénéré et reposé par une nuit de bon sommeil, sera beaucoup plus efficace pour soutenir l'activité cérébrale.

Mais, au-delà de toutes ces conditions tangibles (qui ont leur importance), *la* condition fondamentale d'un *bon* sommeil est, avant toutes choses, le lâcher prise véritable (et sans réserves!) avec les «affaires courantes» de la vie diurne, ainsi que l'abandon confiant et total aux Royaumes Spirituels de la Nuit.

Le goût de *bien* dormir pour *bien* vivre est, évidemment, la motivation la plus puissante pour se *bien* préparer au sommeil!

«Seigneur, au Seuil de cette Nuit,
Nous venons Te rendre l'Esprit et la Confiance.
Bientôt, nous ne pourrons plus rien,
Nous les mettons entre Tes Mains,
Afin qu'en Toi nos vies, demain, prennent Naissance.»

(Chant liturgique du soir,
de Clément Jacob, chanté à l'Abbaye
d'Encalquat, en particulier)

Les Fêtes de Nuit et les Communions nocturnes

Les fêtes nocturnes les plus familières sont les fêtes sacrées des Solstices (Noël et la St-Jean) ou des Équinoxes (Pâques et la Saint-Michel).

Cependant, en d'autres occasions, lors de la Pleine Lune, par exemple, les rassemblements festifs peuvent être aussi des opportunités sacrées de Communion aux énergies de la Nuit.

Ces Fêtes de Nuit, souvent célébrées autour d'un feu, à la belle saison, peuvent devenir de la Haute Magie si nous prenons résolument le chemin ascendant du Feu et si nous faisons converger nos chants, nos rires et nos danses dans l'invocation de nos Frères des Étoiles et de Levana, la Lune, régente de la Nuit, de la Pureté et de la Plénitude des Forces de croissance.

Mais la Nuit, c'est aussi l'ombre, propice aux débordements et aux excès, aux camouflages, à la chasse et au rapt, où le règne animal et les humains peuvent se rejoindre lorsque ces derniers invoquent les esprits les plus élémentaires, quand ils donnent libre jeu à leurs pulsions et à leurs instincts.

C'est à nous de choisir :

– le Parti des énergies primales (forces de l'ombre, pulsions de l'Inconscient, etc.) qui, tôt ou tard, engloutiront ou altéreront notre Énergie Vitale ;

– ou bien le Parti du Feu et de l'Infini qui magnétise notre être et notre regard envers les Royaumes Supérieurs.

Car la Nuit, grandiose écran de velours pour les étoiles et les flammes, donne pleine puissance au symbolisme et au langage du Feu... monter... toujours monter !

3

Ré-harmonisation dynamique avec La Terre

Ô terre maternelle, laisseras-tu quelque matin merveilleux dévoiler aux hommes par-delà tes frontières la Beauté en fête sur le divin Visage?

ACHILLE DEGEEST

Il est à noter que les considérations transmises dans la première partie de cet ouvrage (*Sur la Terre comme au Ciel*) concernent l'ensemble du livre mais, tout particulièrement, cet aspect (aux multiples exercices et apprentissages) de notre ré-harmonisation *à* et *avec* la Terre... sous son nom de planète, d'organisme et de substance! Nous ne reproduirons pas ces propos et nous vous offrons, à nouveau et en complément, quelques indications essentielles.

...«*Les pieds sur Terre, la tête dans les Étoiles*»...

Cet adage prend tout son sens lorsque nous marchons tranquillement, pieds nus, au milieu de La Nature.

Car les impressions, les sensations et les vibrations que nos yeux, nos pieds et nos sens captent sont des témoignages des noces ardentes de la Terre avec l'Univers.

Tel est le sens de l'essor de la flore qui jaillit de la terre et qui se dresse ardemment vers le Ciel et le Soleil!

Telle est aussi notre place et notre fonction sur la terre: unifier, dans l'Action née de notre conscience, la Terre au Cosmos... retrouver le sens et l'essence de notre filiation terrestre et cosmique, en rendant grâces pour les bienfaits reçus et, en retour, en bénissant, par des pensées et des actes régénérateurs notre Mère-Terre bien-aimée, la Pacha-Mama évoquée par nos frères Incas: la Terre (la terre/substance, l'élément-Terre et la planète Terre) est notre Matrice et notre Nourrice; nous devons lui accorder Tendresse, Respect et Reconnaissance, comme nous le faisons envers nos parents.

Le mystère et l'aventure de l'incarnation humaine ne sauraient être dissociés de l'inlassable labeur de gestation et de mise au monde accompli par la Terre. Tout éloignement de cette parenté cosmo-tellurique, qui unit l'Homme et la Nature, est la cause de tous les désordres écologiques dont souffrent notre planète, nos sociétés et nos organismes!

Ce contact est-il seulement pour les rêveurs, les poètes ou les nostalgiques d'un «utopique retour aux sources»?... Mais les rêveurs d'harmonie et les poètes inspirés sont peut-être, à l'heure actuelle, des «clairvoyants» qui s'ignorent?...

Notre survie dépend de notre coopération harmonique avec la Terre et de notre adhésion active à ce Grand-Oeuvre de métamorphose qui doit faire de la Terre un grand jardin heureux!

La flore est l'évidence de l'œcuménisme actif professé par la Terre

La flore est l'évidence d'une infinité de relations d'inter-dépendances harmoniques.

Les plantes apprennent cela «au berceau»... au berceau de la Terre, modèle féminin de l'Énergie de Transformation, de Relation et de Communion.

Le mot anglais «*reliance*», s'il était francisé, pourrait adéquatement évoquer les vertus majeures (et vitales) que la flore terrestre nous communique.

Ce mot magique évoque tout à la fois :

– la religion,

– l'inter-dépendance,

– et un climat de confiance.

Trois ambiances sacrées indispensables à la Croissance et à l'Épanouissement de La Vie Terrestre, dans un sens de complicité fructueuse et rayonnante !

Car le contact avec la Terre et la vie qui en jaillit est un contact direct avec les forces pures de La Nature Vivante.

- • S'asseoir à même le sol, dans La Nature, ou bien s'étendre sur le sol, à plat ventre ou sur le dos, est en soi un moyen actif de Régénération.

- • On peut aussi creuser un petit trou dans la terre, y placer nos doigts et demander à l'esprit de la Terre, ou bien au principe catalyseur de la Terre, de prendre nos impuretés et de les transformer, pour nous, en énergies de Santé, de Sagesse, d'Amour, d'Abondance, de Plénitude, etc.

Alors nos yeux et notre âme commenceront à s'ouvrir à la fonction vivifiante et «*transformative*» de la Terre. Cet œcuménisme «*re-créatif*» dont témoigne la flore, Maurice Mességué l'évoque sous le terme de «phyto-sociologie» ou «l'Art qu'ont les plantes de vivre ensemble». Cela revient au même : La Nature terrestre est une grande communauté, une collectivité harmonique et une illustration vibrante de La Fraternité Cosmique à laquelle nous sommes tous conviés.

De plus, la flore terrestre nous enseigne la souplesse: rien ne pousse dans une terre endurcie, au sens propre ou au sens figuré !

Elle nous enseigne aussi la tolérance et l'acceptation de la Nuance, propre au frère ou au voisin; nuance exprimée dans son aspect, ses caractéristiques et son rythme de croissance ou d'évolution.

Oui, la Terre et sa flore sont vivaces, belles et initiatrices... et leur témoignage, une expression silencieuse mais éloquente de la Terre Promise où toutes les adversités sont absoutes.

À l'exemple de la Terre elle-même, nous pouvons nous aussi devenir véritablement œcuméniques et participer efficacement à la réalisation de la Terre Promise.

> «Aujourd'hui je vous le dis:
> Notre Cœur est dans cette terre;
> La Terre est notre Mère;
> Les Rivières, les Vents, les Fleurs, les Bêtes sont de
>   notre Famille...»

L'Écologie était œcuménique et quotidienne pour le vieux chef Indien qui proclama ces paroles de Vie.

4

Ré-harmonisation dynamique
avec L'Eau

L'Eau que Je donne
deviendra en vous
une source jaillissante
pour La Vie Éternelle.

JEAN, 4, 140

L'identité et la fonction de L'Eau

Nous ne pouvons vivre sans eau! Car l'élément aqueux prédomine, sur Terre, dans tout organisme végétal, animal et humain.

L'Eau, dont la formule chimique est H_2O, est une combinaison d'hydrogène et d'oxygène:

- L'hydrogène dissout, défait les formes: il est donc le support des forces dissolvantes et purificatrices de l'Eau.

- L'oxygène est le porteur cosmique de La Vie, sur Terre: il est donc le support des forces vitales et magnétiques de l'Eau.

C'est ainsi que se manifeste l'aspect fluide de l'Eau: par l'union d'une entité «constructive» (l'oxygène) et d'une entité «destructive» (l'hydrogène).

Cette union des extrêmes donne naissance à une entité qui est à la limite de la matérialité terrestre et qui ne peut être *fixée* dans une forme : L'Eau.

Au niveau fonctionnel, l'Eau et notre nature émotive sont en correspondance. Car notre nature émotive (très liée au corps physique-éthérique par l'instinct et le désir) peut aussi bien épouser que modifier ses pulsions, tout comme l'Eau peut aussi bien dissoudre qu'irriguer.

Cependant les qualités propres à l'Eau telles que la Transparence, la Force et la Souplesse sont des qualités tout à fait appropriées à renforcer, de façon harmonieuse, notre nature émotive.

La juste compréhension de l'élément Eau, son invocation et sa « fréquentation » à travers ses diverses formes terrestres d'expression seront toujours une aide évolutive dans le raffinement de nos émotions.

La Terre est une planète d'Eau

L'Eau occupe environ les 3/4 de la surface du globe terrestre.

Les Mers et les Océans en constituent la majeure partie. Les Mers et les Océans représentent le berceau aquatique de la vie terrestre.

Ils sont un médium tangible de la puissance maternante, berceuse, nourricière et harmonisatrice du Principe Féminin Universel (cf. *La puissance magique de la mer, p. 167*).

Les Fleuves et les Rivières constituent le système circulatoire de la Terre et de la vie terrestre.

À moins de grands bouleversements géophysiques ou de l'intervention de l'Homme, le lit d'une rivière change très peu de place au cours des âges. Dans un même lieu, de siècle en siècle, des générations d'êtres humains voient couler la même rivière, éternellement semblable... éternellement nouvelle!

L'Eau des Fleuves et des Rivières est une expression sensible et visible des courants de La Vie qui, inlassablement, utilisent les mêmes canaux, les mêmes chenaux ou le même «profil», pour se manifester: le lit d'une rivière et la forme végétale, animale ou humaine.

Cependant ces courants de vie s'expriment aussi d'une façon toujours neuve ou renouvelée:

– les molécules d'eau qui passent dans le lit d'une rivière ne sont jamais les mêmes;

– selon les Saisons de La Nature ou du Cœur et selon les Âges de la Terre, les formes d'expression végétales, animales ou humaines se succèdent selon une infinité d'images et de nuances.

Par ailleurs, rien n'arrête le cours d'une rivière. Elle contourne tous les obstacles. Elle peut même en entraîner et en évacuer certains. La souplesse de l'Eau devient sa force!

«La Vie coule, La Vie passe!»... résolument!

C'est le message dynamique des Fleuves et des Rivières!

C'est aussi le symbole pédagogique puissant, apaisant et rassurant des fontaines et des jets d'Eau, dans les jardins publics ou dans les vasques des patios arabes ou andalous.

Tout sanctuaire devrait comporter une vasque avec un jet d'Eau. C'est là un élément naturel de méditation et un médium de ré-harmonisation au courant de La Vie, au potentiel de Changement, de Renouvellement et d'Évolution que le simple fait de *vivre*... contient et apporte!

Se baigner ou nager dans un Fleuve ou dans une Rivière est un acte purificateur, vivifiant et vivement ré-harmonisant:

– quand on est enclin au découragement ou au désarroi;

– ou bien «contraints» par quelques blocages physiques ou psychiques... tous symptômes de notre retrait ou de notre non-acceptation du *courant* de La Vie.

La Source est une émanation jaillissante du flux de La Vie.

Nietzsche ajoute: ...«Et mon âme aussi est une fontaine jaillissante.» («*Meine Seele ist ein Springender Brunnen.*») Le radical «*spring*», en allemand, évoque le jaillissement.

En anglais, le mot «*spring*» évoque à la fois la source, l'élan et le printemps!

Le contact avec une Source est Sacré: la Source nous distille, en quelques gouttes miroitantes et dansantes, un peu de l'élixir sacré de La Vie Terrestre.

La Source nous initie et nous «ré-accorde» à la Pureté virginale et première de l'Eau de La Vie!

• Tremper ses doigts, ses mains, son visage, ses pieds ou son corps entier dans une Source est un acte magique que l'on doit aborder avec Recueillement, Vénération et Reconnaissance.

• Les Cascades, qui sont directement issues des rochers ou de la terre, offrent les mêmes énergies que les Sources – les autres s'apparentent aux Rivières.

Les cycles de l'Eau à travers les quatre saisons

La Neige, la Pluie et la Rosée sont trois expressions de l'eau atmosphérique.

L'Eau est présente, dans l'atmosphère, non seulement dans le sein des nuages qui la portent en abondance, mais aussi dans l'air, en fine suspension.

Le cycle de l'Eau à travers la Pluie nous indique le sens et la nécessité de la Purification; pour retomber en pluie, support physique des forces de Fertilisation et de Croissance, l'Eau doit auparavant être «évaporée», c'est-à-dire:

– s'abandonner à l'inspiration du Soleil;

– et abandonner un peu de densité, un peu de matière, un peu de pesanteur.

Le cycle humain de la Purification et de la Plénitude de La Vie a le même sens... presque «à la lettre»:

– s'abandonner aussi à l'inspiration de l'Esprit Divin;

– et abandonner, nous aussi, un peu de densité, de matière et de pesanteur: transformer les convoitises qui nous limitent en Aspirations, chemins solaires de tous les Possibles!

Ainsi les pluies du printemps et de l'été sont-elles, en même temps, Purificatrices et Nourricières.

L'Eau, dans son aspect purificateur, est très présente au moment de l'Équinoxe de Printemps.

Elle lave la surface de la Terre, évacue ou dissout tous les déchets des saisons précédentes.

Elle s'associe à la Terre pour dissoudre l'enveloppe de la semence enfouie, et permettre à La Vie Nouvelle de jaillir avec le germe.

Un jeûne à l'eau est tout à fait approprié à cette époque de l'année.

Il est aussi intéressant de constater que les plantes comestibles printanières, pissenlits, asperges, fraises, etc. sont éminemment diurétiques, donc purificatrices de l'organisme et du système rénal.

Ensuite l'Eau devient Nourricière et participe activement à la croissance des plantes et à la formation des légumes et des fruits comestibles.

Les légumes et les fruits d'été (courgettes, concombres, laitues, melons, pêches, poires, etc.) sont très riches en eau vitale. Au cœur de l'été, ils composent une nourriture idéale qui équilibre, à l'intérieur de l'organisme, les énergies du Feu, reçues à l'extérieur par la chaleur ambiante et par l'intense rayonnement estival du Soleil.

Durant ces deux saisons, de l'Équinoxe de Printemps à l'Équinoxe d'Automne, on s'adjoindra l'aide spirituelle de l'Eau, en buvant, chaque jour, de l'eau solarisée :

– eau fraîche exposée au Soleil, dans un contenant de verre ou de cristal, depuis le lever du Soleil jusqu'à midi.

On peut en boire un verre, en guise d'apéritif-santé, avant le repas de midi ou du soir, ou bien durant l'après-midi.

Durant cette même saison, la Rosée, «Perles d'Eau» ou «Perles de Lune», apporte à La Nature un baume cosmique, rafraîchissant et subtilement nutritif.

Aux premières clartés du matin, la Rosée «endiamante» La Nature : chaque goutte de Rosée devient un véritable petit prisme, générateur d'arcs-en-ciel microscopiques et multiples.

La Rosée est la dimension la plus subtile et la plus cosmique de l'Eau. Elle est la condensation-harmonique des énergies terrestres et cosmiques, lunaires et solaires.

• Marcher pieds nus dans la Rosée, dans le silence de l'Aube est un véritable baptême quotidien.

• Si le contexte s'y prête, s'étendre quelques instants ou s'asseoir nu, dans la rosée, est un acte de communion intime avec les forces Pures et Régénératrices de La Nature et de L'Univers.

À l'Automne, l'Eau est encore purificatrice, mais dans un espace de transformation. Elle est, à ce moment-là, «l'assistante technique», pourrions-nous dire, de la constellation du mitan de l'Automne : le Scorpion... qui dissout les formes végétales annuelles et enfouit les graines sous la terre pour les confier à leur retraite hivernale.

La Neige est le pôle hivernal de l'Eau.

Elle efface les contours et l'aspect physique de La Nature. Elle gomme les différences, arrondit les angles et enveloppe le paysage et La Nature dans un seul voile luminescent de Pureté, de Silence et de Paix.

Après les Feux de l'Été et le Grand Triage de l'Automne, la Neige d'Hiver (tous les frimas accomplissent cette même fonction) apporte un baume et une atmosphère de Repos et d'Intériorisation.

Max Melou, guide de haute montagne et intime de la spiritualité de La Nature, affirme : «C'est un des privilèges du silence blanc que de permettre, plus que tout autre, la vie intérieure.»

Cependant nous n'avons pas toujours l'opportunité de ces contacts intimes avec l'Eau, dans ses aspects les plus *naturels*.

Mais, chez soi, le contact quotidien avec l'Eau, offre des énergies similaires.

Les ablutions quotidiennes, régénération et baptême

Les soins corporels, tels que la douche ou le bain, peuvent devenir un rituel sacré, renouvelé chaque matin, un baptême, au sens le plus connu et le plus sanctifiant.

Non seulement l'Eau nettoie notre corps physique mais elle réactive, en outre, notre être éthérique et purifie notre corps astral (le corps des émotions et des désirs):

L'Eau nous *lave* de toute souillure, physique, énergétique ou émotive! Elle évacue l'inutile, assouplit ce qui était raide ou figé, tonifie ce qui était affaibli et «ré-accorde» notre organisme et notre âme à la rythmique universelle et à la circulation de La Vie.

L'Eau, dont nous disposons abondamment, en pays occidentaux, est une grâce dont nous mésusons souvent:

– en la polluant de diverses façons;

– en la gaspillant, dans notre utilisation inconsciente.

Tout en étant pratiquement vigilants à ne pas contribuer à ce «mésusage» de l'Eau, nous pouvons, spirituellement, être solidaires des frères qui en disposent moindrement, en répandant des «marées» et des «torrents» d'Amour dans notre Vie quotidienne et dans nos prières.

C'est une rançon douce pour le don de l'Eau qui nous est accessible et c'est, réellement, une aide pour nos frères démunis si l'on croit à l'Efficacité Universelle de la Prière et du Témoignage!

L'Eau froide est reliée à l'énergie des pôles de la Terre qui sont, dit-on, le royaume des dieux, les espaces sacrés terrestres par lesquels les grands influx cosmiques impulsent, insufflent et réactivent La Vie sur Terre.

L'Eau froide nous permet donc de reprendre contact avec la puissance active de La Vie et l'énergie de mouvement propre à La Vie Diurne: elle stimule les forces de la volonté et nous replace dans une ambiance et un espace d'Action.

Le bain vespéral

Le bain est plus harmonisant si on le prend le soir (à moins que ce soit un bain d'eau froide).

L'eau du bain, pour être bienfaisante, doit être à la température du corps.

L'eau trop chaude a un effet de «pompage» de nos énergies ; elle ne détend pas, elle vide !

Un bain d'eau chaude est un excellent espace de détente, de délassement, de relaxation, de repos et de préparation au sommeil.

L'Eau chaude :

– dilate les pores de la peau ;

– déloge les toxines ;

– et «ouvre» l'organisme pour le travail de purification nocturne.

Assortie de sel de mer, elle aura un effet décongestif et purificateur.

Assortie d'huiles essentielles, l'eau du bain communiquera à nos cellules, «ouvertes» par la chaleur, les vertus de ces essences. Il est donc conseillé d'utiliser des huiles essentielles qui ont la propriété d'apaiser et d'harmoniser le système nerveux : marjolaine, lavande, oranger, etc.

Les ablutions matinales

La toilette matinale comporte des gestes et des rythmes spontanés qui peuvent devenir très harmonisants si notre âme y adhère plus consciemment.

Le fait de se frictionner sous l'eau est essentiel. Cela a un premier effet (presque mécanique): l'élimination des cellules mortes de la peau et des toxines sécrétées par les pores de la peau durant le travail de purification nocturne. Ce geste a donc pour effet de permettre à la peau de mieux respirer.

De plus, si l'on est quelque peu attentif à ses gestes, on remarquera que l'on a tendance à se frictionner en suivant toujours le même «parcours», les mêmes «chemins», le long de notre corps: on obéit ainsi aux impulsions du «Guide énergétique» de notre organisme, le Corps Éthérique.

Cette «friction dirigée» est, en fait, un auto-massage:

– qui libère les circuits d'énergie de notre organisme;

– qui régénère et réactive le système nerveux;

– qui remodèle le corps selon les formes-archétypes impulsées par l'éthérique.

Les savons à base d'argile ou d'huiles essentielles renforcent ce processus, car ils nous *incorporent* leurs vertus à travers la friction.

Par ailleurs, nous devrions toujours terminer nos ablutions matinales par une douche froide (aussi froide que possible mais non glacée).

L'eau froide:

– tonifie et raffermit les tissus;

– tonifie et harmonise le système nerveux;

– réactive et harmonise la circulation sanguine;

– et surtout réactive la rythmique vitale de nos cellules qui se mettent à vibrer et à pulser comme des petits soleils. (Voyons dans ce processus une réalité plutôt qu'une image!)

L'eau chaude est reliée à l'énergie de l'Équateur Terrestre, l'espace terrestre d'apothéose des forces de chaleur.

Par conséquent, l'eau chaude prédispose:

– au ralentissement de l'activité;

– à l'assoupissement;

– et au retrait de l'Énergie d'Action.

(De la même façon que la sieste est indispensable au milieu du jour, dans ces contrées où le soleil de midi, au zénith, est brûlant.)

Lorsque nous sommes immergés dans l'eau chaude, nos cellules sont comme «infusées» dans un rêve solaire qui favorise la «désincarnation» pour la durée du sommeil.

(Si l'on doit veiller quelque peu, une brève douche, tiède ou froide, nous permettra de «reprendre pied» dans le dynamisme nécessaire à la poursuite de la soirée.)

Au sortir du bain ou de la douche, il est préférable d'utiliser des linges de toilette un peu rugueux ou rêches.

Les textiles modernes, en fibres plus ou moins naturelles et l'usage fréquent «d'assouplisseurs» dans le rinçage du linge, ont altéré sévèrement la «fonction» du linge de toilette qui est, non seulement, d'éponger l'eau sur le corps mais aussi de frictionner le corps et donc de s'accorder ainsi un ultime auto-massage vivifiant!

Eau froide en dehors, eau chaude en dedans

L'absorption quotidienne d'eau chaude, en particulier au lever et au coucher, est une habitude bienfaisante pour l'organisme.

Au lever, un bol d'eau bouillie, bue très chaude et à petites gorgées, aura le même effet que la chaleur du sauna, mais l'exsudation sera stimulée de l'intérieur, ce qui est idéal!

Au coucher, un bol d'eau chaude assortie d'un peu de miel, détend le plexus solaire et permet à notre âme de «partir» pour la nuit sans avoir à « forcer la porte » (la porte étant, justement, le plexus solaire auquel notre âme reste reliée, durant le sommeil, par le lien subtil que l'on nomme la « corde d'argent »).

En tous temps, les tisanes de plantes aromatiques, d'écorces ou de racines aux qualités médicinales, auront, évidemment, un effet ré-équilibrant et ré-harmonisant sur l'organisme. Car elles unissent, dans un même breuvage :

– les forces de l'Eau,

– et les énergies solaires des Plantes Curatives.

Pour clore ce chapitre sur les bienfaits de L'Eau, voici un Rituel Printanier.

Purification et régénération printanière avec les eaux courantes (ruisseaux, rivières, déversoirs de lacs, etc.)

Pour cet exercice, il faut se rendre sur un pont qui enjambe un cours d'eau coulant du Nord au Sud ou bien de l'Est à l'Ouest. – Ces deux directions sont les courants naturels des forces cosmiques de génération et régénération de La Vie, sur Terre.

(Si vous n'êtes pas frileux et « très accoutumé » à l'eau *froide*, vous pouvez pratiquer cet exercice, les pieds dans l'eau d'un ruisseau où le courant n'est pas trop fort. Sortez faire quelques pas sur la berge entre les différentes phases de cet exercice, pour ne pas vous refroidir.)

Tout d'abord, il faut bien comprendre que ce n'est pas L'Eau, en tant que médium physique seulement qui va « faire le travail » en vous, mais aussi ses corps subtils qui s'étendent bien au-delà de son cours, en hauteur et en largeur. Par conséquent, lorsque vous êtes sur un pont enjambant un cours d'eau, il est assuré que vous baignez, littéralement, dans l'aura des forces subtiles de ce cours d'eau.

Cet exercice « rituellique » a pour fonction et finalité de purifier et de régénérer nos fonctions vitales et notre psychisme (nature émotive et intellect).

Voici comment procéder :

- Se placer la partie droite du corps face au courant, la paume de la main droite ouverte face au courant et la paume de la main gauche face au lit du cours d'eau.

  Respirer lentement et profondément.

  Cette attitude et ce contexte favorisent la purification des fonctions physiologiques et psychologiques gouvernées par le cerveau gauche.

- Se placer la partie gauche du corps face au courant, la paume de la main gauche ouverte face au courant et la paume de la main droite face au lit du cours d'eau.

  Respirer lentement et profondément.

  Cette attitude et ce contexte favorisent la purification des fonctions physiologiques et psychologiques gouvernées par le cerveau droit.

- Se placer entièrement face au courant, les paumes des mains ouvertes face au courant (les bras le long du corps).

  Respirer lentement et profondément.

  Cette attitude et ce contexte favorisent la purification du métabolisme, des systèmes rythmiques de l'organisme et du corps émotif (par le système nerveux sympathique).

• Se placer le dos au courant, les mains le long du corps.

Regarder le courant d'eau couler en avant de vous.

Respirer lentement et profondément.

Cette attitude favorise la régénération des corps subtils, du système nerveux central et de toutes les fonctions physiologiques et psychiques de l'être.

Note : Ne restez pas trop longtemps dans cette 4e position. Car, pour être bénéfique, cette régénération doit se faire progressivement, pour ne pas solliciter trop brutalement l'organisme. Vous sentirez, peut-être, des picotements plus ou moins intenses dans le dos, après cette séance. Cela signifie que le travail de régénération est réactivé.

Ce rituel est très bénéfique lorsqu'il est pratiqué durant la période se déroulant de l'Équinoxe de Printemps jusqu'à Pâques. Mais on peut prolonger un peu si le besoin s'en fait sentir.

Ce même exercice est aussi très bénéfique et très efficace, lorsqu'on le pratique, au début de l'Été, dans une cascade.

(Faites-le accompagné de quelqu'un qui vous «assure», si le débit de l'eau est un peu fort – on ne joue pas impunément avec les forces de La Nature !)

Cette pratique est merveilleuse de bienfaits et efficacement régénératrice lorsqu'on traverse des moments de «dépression» ou bien lorsqu'on a des troubles de la colonne vertébrale.

5

Ré-harmonisation dynamique avec L'Air

Ange de l'air,
Saint messager de notre mère terrestre,
Viens à moi,
Tel l'hirondelle qui descend du ciel,
Afin que je connaisse
les secrets du vent
Et la musique des étoiles.

EDMOND BORDEAUX-SZEKELY
Évangile essénien,
Livre 2,

L'Air est un médium vital

L'Air, comme l'Eau, fait partie des éléments essentiels de La Vie manifestée.

L'Eau, déjà, est une énergie et un médium de relation. À l'octave de la Terre et de la matière, elle pénètre partout où la configuration et la nature des sols le permettent. Sinon elle baigne ou contourne. Dans notre corps, c'est elle qui transporte le fluide vital, l'énergie de vie, à travers le sang, les « humeurs » et tous les liquides interstitiels (ou intercellulaires) dans lesquels « baignent » nos cellules.

L'Air est l'octave supérieur de l'Eau, parce que son royaume d'expansion est plus vaste.

L'Air pénètre littéralement partout (à moins qu'on ne l'évacue par un procédé technique spécifique). De plus, l'Air et l'espace de notre atmosphère terrestre ne font qu'un. Et, à cet effet, l'Air est le véhicule essentiel de la vie cosmique sur terre.

L'Air véhicule la chaleur et les radiations solaires ainsi que les divers niveaux de rayonnement de tous les astres.

C'est aussi l'Air qui entretient en nous le souffle de vie, comme les vestales entretenaient le Feu Sacré dans les temples de l'Antiquité.

Et par la respiration consciente et... consacrée, nous avons tout pouvoir pour accroître (ou altérer) la force de vie dans notre organisme, selon notre degré de communion avec les forces sacrées de l'Air.

L'Air est l'éther de vie. La pollution atmosphérique est un crime contre La Vie !

L'Air et le prâna

Nous pouvons nous passer de nourriture solide assez longtemps.

Nous ne pouvons rester longtemps sans boire de l'eau.

Mais nous ne pouvons pas vivre un seul instant sans respirer... sinon, dans un dernier «*expir*», nous rendons l'âme !

L'Âme, le souffle de La Vie et la respiration sont intimement reliés au mystère de toute incarnation. Lorsque nous cessons de respirer, nous mourons à la vie terrestre et notre âme se retire de notre organisme.

La respiration n'est pas seulement un acte mécanique et chimique. Elle est aussi, très tangiblement, un acte spirituel.

Le souffle de La Vie que nous entretenons en... respirant, tout simplement, a deux aspects :

- Le premier aspect, bien connu, est l'aspect rythmique de la respiration, qui est aussi nourricier : l'Air apporte aux globules rouges du sang et aux tissus cellulaires l'oxygène qui leur est nécessaire.

- Mais à travers ces éléments chimiques, mesurables et quantifiables, l'Air apporte aussi une énergie subtile que les Hindous nomment prâna et les scientifiques, « magnétisme vital » : les ions négatifs de notre atmosphère en sont les vecteurs.

Cette énergie subtile est aussi appelée « force vitale » ou « force éthérique ».

Elle renforce notre organisme physique mais aussi son double subtil, le corps éthérique.

Le prâna qui est donc le porteur du souffle de La Vie, alimente aussi les vibrations de notre âme à travers notre corps éthérique (le lien vibrant entre la dimension dense et la dimension subtile de notre être).

Nous comprenons, finalement, toute l'importance :

– d'une bonne respiration,

– et d'une respiration consciente.

Car, de la qualité de notre respiration dépend l'ancrage harmonieux de notre âme dans notre existence physique.

Le prâna est diffusé en abondance dans l'atmosphère, avant le lever du Soleil et durant les premières heures du jour.

Marcher ou respirer consciemment, à ces moments de la journée, est une excellente habitude.

Si l'on réside à la campagne, n'importe quel lieu convient.

En ville, cela est aussi possible, car, à ces heures matinales, la circulation est plus rare et la pollution moindre. Il est cependant préférable de se rendre dans un parc, un jardin public ou au bord d'un cours d'eau.

La respiration consciente

Notre système nerveux est le niveau le plus subtil de notre organisme physique.

Étant en lien avec notre corps éthérique, il est donc très sensible à la qualité de notre respiration.

Bien des troubles «dits nerveux» peuvent être dissous par une respiration consciente et harmonique.

Tout désordre nerveux est une «distance» entre l'âme et le corps physique, qui crée une sensation de malaise, de flottement ou de vide ainsi qu'une sensation de non-présence à soi-même: nous nous sentons alors angoissés ou «déprimés».

L'âme qui est essentiellement pulsatile cherche une ambiance vibratoire harmonique que nos choix et nos modes de vie ne lui offrent pas toujours.

Ainsi la respiration consciente, c'est-à-dire l'absorption consciente et profonde du prâna, introduit dans notre organisme cette énergie vitale, don du soleil, répandue à profusion dans l'atmosphère.

Cette énergie, étant d'essence divine, introduit avec elle le potentiel subtil de l'harmonie et de l'équilibre.

Respirer «consciemment» signifie simplement: respirer profondément et tranquillement, avec amour et reconnaissance.

Le processus-harmonique de la respiration comporte trois phases essentielles:

– l'inspiration,

– la rétention,

– l'expiration.

L'inspiration nous dilate et nous met en état d'ouverture et d'accueil des énergies cosmiques. L'inspiration consciente est essentielle car elle favorise l'inspiration au niveau de la pensée : en inspirant le prâna, on inspire de la lumière et toute la sagesse éternelle véhiculée à travers les rayons du soleil, l'air et l'univers.

Une inspiration ample et profonde tonifie notre système nerveux et harmonise nos pensées.

Il existe donc un lien étroit entre :

– la qualité de nos inspirations,

– et la qualité de nos aspirations.

(L'inspiration superficielle favorise le doute et des pensées confuses parce qu'elle limite l'introduction de la sagesse en nous, en ne diffusant pas le prâna dans l'ensemble de notre organisme.)

La rétention est l'espace médian de la respiration. Cette phase est écourtée lorsque notre respiration est « de surface » ou altérée par des états d'anxiété ou de nervosité.

Or, c'est justement à ces moments-là que la rétention de l'air est vitale !

Car la rétention permet à l'oxygène et aux énergies subtiles inspirées de circuler à travers la totalité de notre organisme et d'y apporter ainsi leurs vertus harmonisantes.

L'expiration, qui est le rejet de l'excédent d'air, est aussi le rejet du gaz carbonique, et à travers lui, le rejet des énergies impropres à notre évolution.

Les enfants comprennent très vite le processus rythmique et spirituel de la respiration.

Lorsqu'ils l'ont compris, ils savent spontanément se détendre et se guérir de la plupart de leurs troubles physiques ou émotifs... en respirant consciemment !

«L'enfance de l'art» *est*, pour nous... «adultes»..., de re-trouver l'évidence simple et spirituelle de nos gestes quotidiens. Ce que nous mettons, parfois, des années à comprendre... *est* «l'enfance de l'art» pour nos enfants, car ils trouvent, bien plus aisément que nous les clés du royaume !...

Ainsi nous pouvons :

– inspirer des états de lumière ;

– laisser la lumière agir en nous ;

– et expirer les états morbides.

Ou bien :

– inspirer la joie ;

– la laisser agir en nous ;

– et expirer la tristesse.

Ou encore :

– inspirer la paix ;

– la laisser agir en nous ;

– et expirer l'anxiété ou le doute, etc...

Les applications-harmoniques de la respiration consciente sont des pratiques de simple magie que l'on peut diversifier à l'infini.

La respiration consciente rétablit aussi l'équilibre rythmique, à l'intérieur de notre organisme. L'expiration, en particulier, exerce un massage rythmique sur les organes internes.

L'image d'une éponge imbibée d'eau, que l'on presse, correspond à cet effet masso-thérapeutique de l'expiration : l'évacuation, l'élimination de tout ce qui est « en trop » et qui bloque notre créativité (le ventre est l'espace physique qui correspond à notre capacité de créer).

Car toute action mécanique a toujours un double spirituel tout aussi agissant !

La respiration consciente rétablit ainsi l'équilibre entre nos propres rythmiques, organiques et spirituelles, et la rythmique créative, harmonique, de l'Universelle Présence.

L'âme s'y trouve à l'aise, car elle retrouve, par ce processus, l'ambiance vibratoire harmonieuse qui lui convient.

La respiration alternée

Par la respiration alternée, nous activons les deux grands courants d'énergie qui circulent à travers nous, le long de la colonne vertébrale.

La narine gauche reçoit le courant magnétique, *Idâ-Nâdi*, qui nous relie à l'énergie-mère, *Tha*, lunaire, terrestre et négative (c'est-à-dire réceptive).

Ce courant nous relie à l'amour divin.

Il purifie notre cœur et harmonise nos sentiments.

La narine droite reçoit le courant électrique, *Pingalâ-Nâdi*, qui nous relie à l'énergie-père, *Ha*, solaire, cosmique et positive (c'est-à-dire rayonnante).

Ce courant nous relie à la sagesse divine.

Il purifie notre intellect et harmonise nos pensées.

Pour que cette respiration soit bénéfique, la colonne vertébrale doit être bien droite, sans être rigide. Il est aussi préférable de la pratiquer au lever du jour lorsque l'atmosphère est riche en énergie vitale.

- On inspire par la narine gauche en fermant la narine droite à l'aide du pouce droit.

  On inspire en comptant mentalement sept (7) temps.

- On retient durant dix (10) temps.

- Puis on ferme la narine gauche avec le majeur de la main droite, et on expire pendant neuf (9) temps.

  On agit à l'inverse avec la narine droite.

Ces respirations sont pratiquées six (6) fois avec chaque narine.

La respiration marine

On pratiquera cette respiration avec un évident bienfait, lorsqu'on se trouve au bord de la mer.

Cependant, elle est, en soi, harmonisante car sa rythmique nous relie au flux et au reflux, principes vitaux et harmonisants de la mer.

Cette respiration, essentiellement reliée à l'élément féminin, est une respiration de détente, d'ouverture, de renaissance et de créativité.

Le processus est le suivant:

- Le flux arrive sur le rivage en vagues courtes ou en rouleaux successifs. À ce mouvement correspondent cinq (5) inspirations courtes et successives (sans relâcher d'air). La 5ᵉ inspiration est plus profonde.

- Au bout de leur course, les vagues ou les rouleaux s'étalent: on retient le souffle durant sept (7) temps.

- Puis la mer se retire. C'est le reflux: on expire pendant six (6) temps.

On recommence ainsi, 7 fois, 8 fois, ou 9 fois de suite selon l'effet recherché:

- un perfectionnement (7 fois),

- une transformation (8 fois),

- un accomplissement (9 fois),

ou bien selon toute autre rythmique numérologique à notre convenance.

Lorsqu'on pratique cette respiration au bord de la mer, on peut réellement l'adapter aux rythmes précis de la mer. C'est «Divin»!...

Le vent, purificateur du Mental et libérateur de l'Âme

Lorsque certaines circonstances ou certaines situations nous préoccupent ou nous contrarient, nous essayons, généralement, d'en venir à bout en utilisant les forces de notre pensée dans l'évocation de toutes sortes d'hypothèses.

Cette attitude exerce une «contrainte» sur l'Âme. Notre pensée la retient prisonnière au niveau de ce qui nous préoccupe.

Or la nature de l'Âme est la Liberté.

C'est donc le silence de la pensée investigatrice et soucieuse qui lui permettra «d'aller chercher» la solution qui nous convient le mieux.

Un chanteur rock, populaire au Canada, Gowan, nous donne ce judicieux conseil :

> «*When hope is fading,*
> *Let your soul learn to fly!*»

> («Lorsque l'espoir s'affaiblit,
> que ton âme apprenne à voler.»)

Ainsi, lorsque quelque chose nous préoccupe, sortons! Allons faire quelques pas dehors : la mouvance de l'air et le vent nous aiderons à «relâcher»... et à laisser notre âme agir à son niveau : la Liberté.

Sachons que la sinusite et la migraine sont un blocage de l'énergie de l'Âme au niveau du chakra frontal ou «Troisième œil». Elles surviennent généralement lorsque nous nous sentons «contraints» par quelque événement ou quelque atmosphère.

Le sentiment de désagrément et la nervosité qui s'ensuivent créent un climat mental de confusion ou de «ras le bol» (cette expression familière est éloquente!) qui occulte notre capacité de clairvoyance. On peut donc considérer la sinusite ou la migraine comme une «cataracte» du troisième œil!

Le vent, dont l'énergie est similaire à celle de la pensée peut nous aider à faire un ménage mental et à faire de notre intellect un ciel libre et clair, sans nuages.

Le grand chantre québécois, Félix Leclerc, l'exprime bien, avec sa verve colorée :

«Le meilleur véhicule, c'est le vent. Il charrie du pollen, des sauterelles, des outardes. Il transporte même des parfums et des mots d'amour. Plus, il nettoiera la tête. Si tu n'aimes pas ce qui est dedans, mets-la face au vent. Tu verras ce que je veux dire.»

Le vent du nord et le vent d'est, qui vont dans le sens des influx solaires, sont les vents les plus efficaces, pour ce travail de nettoyage mental.

Le vent, messager cosmique

Dans La Nature, le Silence n'est jamais absolu.

- Le «silence» d'une forêt est toujours bruissant de feuillages, de craquements ou de chants d'oiseaux.

- Le «silence» de la mer est, en fait, une vaste symphonie de vents qui nous relient au grand large et aux chants de l'univers.

- La haute montagne qui est le royaume des rocs, des neiges et des glaces, est traversée de vents puissants qui sous-tendent la trame d'un étrange silence où l'âme retrouve, avec émotion, un univers à sa dimension.

Le vent, toujours plus ou moins présent dans La Nature, se saisit de la moindre énergie, du moindre parfum et du moindre frisson. Car il aime voyager et offrir les énergies de ce qu'il touche sur son passage.

Le vent est messager. Il est un colporteur cosmique. À chaque saison, il aide activement La Nature, en transportant les pollens, les nuages et les oiseaux migrateurs et en mariant les essences pour faire une ambiance aromatique harmonique, propre à stimuler la croissance et la floraison de l'ensemble du règne végétal.

- Les vents de la saison douce apportent la chaleur du Soleil. Ils transforment l'atmosphère ambiante en une fête des parfums, à la mesure de l'ampleur cosmique de cette saison.

- Les vents d'hiver transportent aussi des parfums. En pays d'hiver, les parfums subtils des vents de neiges nous racontent les fastes grandioses des anges, au royaume cristallin du froid et de la lumière...

Selon la direction d'où il vient, le vent apporte non seulement les énergies physiques de son origine mais aussi les énergies des paysages et des peuples qu'il a rencontrés.

Lorsque souffle le vent du nord, on peut, spirituellement, se relier aux peuples qui vivent au Nord et au Sud géographiques de notre lieu de résidence :

– rendre grâces pour les énergies reçues du Nord ;

– confier au vent notre amour pour bénir nos frères du Sud.

Il en est ainsi avec chaque origine et chaque direction du vent.

C'est, là encore, une opportunité de développer notre sens de l'unité avec tous les peuples de la terre et les énergies qui leur sont particulières.

Le vent musicien

La musique du vent n'est pas uniforme.

Elle est, au contraire, l'expression d'un chœur et d'une vaste symphonie à voix multiples.

Le vent change de tonalité, de tempo ou de mélodie selon la symphonie végétale qu'il a à jouer.

Écouter le vent:

– dans les herbes hautes d'une lande sauvage,

– dans une colline de bruyères ou de genêts,

– dans une prairie,

– dans un jardin, dans un bosquet,

– dans une forêt de feuillus,

– dans un bois de sapins,

... autant de tonalités, autant de nuances, autant de chants d'amour dont nous pouvons apprendre et transmettre, à notre tour, quelques accents, quelques mesures... si nous savons... *écouter le vent*!

De même, selon l'heure du jour, selon le jour de la semaine ou selon la saison... en fait, selon l'heure cosmique (selon la prédominance de tels ou tels influx planétaires ou sidéraux), le vent privilégie une certaine tonalité à laquelle on peut s'harmoniser.

On peut vérifier cette magie du vent à l'aide d'une harpe (celtique, indienne ou de concert), les cordes placées perpendiculairement au vent.

(L'effet est plus évident un jour de grand vent.)

On constate, au bout d'un instant, que le vent, en traversant les cordes de la harpe, émane (ou émet) «un son-dominant», une note précise: jouer de la harpe, «dans» cette tonalité, est une communion sacrée au vent qui nous traverse d'un grand frisson cosmique.

6

Ré-harmonisation dynamique
avec Le Feu

Le feu est le sacrifice de ce qui brûle, la chaleur de
La Vie, et la joie des yeux... Chantons gloire dans
la langue du feu, évidente et claire à tous les
hommes.

LANZA DEL VASTO

Sous forme de lumière, de chaleur, etc., le Feu est La Vie !
Aussi est-il *pratiquement* impossible d'évoquer ici tous les potentiels d'harmonisation avec le Feu. Car ils sont contenus et
offerts dans chaque instant, et dans le goutte-à-goutte solaire
distillé par le courant des jours et de La Vie !

Nous nous contenterons, ici, d'évoquer quelques aspects
très simples qui peuvent, jour après jour, nous rendre plus familiers, plus intimes et plus rayonnants de cette ardente présence.

Le Feu, nourriture subtile

La présence du Feu, en tant que flamme subtile et souffle
ardent de l'esprit divin, est omni-présente. C'est cette même et
unique présence qui vibre au cœur de tout atome, au cœur du
« Je suis » affirmé avec un parti pris pour la plénitude, ou bien au
centre incommensurable de notre univers.

Le Feu est notre nourriture, sous la forme de la lumière, de la chaleur et de La Vie émanées par le Soleil.

Seul le degré de condensation de cette énergie supérieure varie d'un élément à l'autre.

Le Soleil nous communique des énergies à trois niveaux :

• Nos yeux absorbent la lumière du Soleil.

Regarder le Soleil qui se lève ouvrira notre regard et notre intellect à l'éternelle sagesse de l'esprit universel.

• Notre peau absorbe la chaleur du Soleil.

Elle est un catalyseur ténu entre l'intérieur et l'extérieur de soi, entre le tout intérieur et le *Grand Tout Universel*.

S'exposer régulièrement au Soleil (marche ou bain de soleil) sensibilisera notre nature émotive et notre cœur, à la capacité de capter et d'émettre, propre à l'amour infini de l'Âme Universelle.

• Nos muqueuses internes (en particulier celle du système digestif) absorbent la vie du Soleil.

Ainsi les plantes qui sont une émanation «directe» de la vie solaire, constituent une nourriture idéale qui relie notre organisme à la pureté de l'énergie vitale universelle.

Nous avons déjà «fort à faire» avec les énergies de notre propre psychisme (émotions et pensées pas toujours harmoniques !). Lorsque nous consommons une alimentation carnée, nous nous «chargeons», en outre, du psychisme animal : la digestion est alourdie et l'évacuation de ce psychisme animal, qui ne nous correspond pas, requiert un grand déploiement d'énergies de notre part et laisse, évidemment, beaucoup de déchets dans notre organisme. (Cf. *Note, p.61.*)

Le Soleil, chef d'orchestre de notre organisme

Le Soleil est le «chef d'orchestre» de notre univers. Il est aussi l'esprit d'organisation et d'unification de notre organisme.

Ce principe directif et harmonique est actif en permanence. Mais il nous faut le reconnaître et l'invoquer si nous voulons bénéficier de ses bienfaits.

Ainsi l'exposition, la méditation ou bien la prière conscientes au Soleil permettront de réintroduire l'harmonie universelle dans notre organisme, en rétablissant l'équilibre rythmique et la pureté dans tout ce qui est, en nous, système:

– système endocrinien,

– système nerveux,

– système respiratoire,

– système cardiaque,

– système sanguin,

– système musculaire,

– système digestif et rénal,

– système sexuel,

– système osseux, etc.

Le bain de soleil harmonique

Il existe plusieurs façons de prendre un bain de soleil.

L'idéal est évidemment de prendre un bain de soleil en pleine nature:

– assis ou étendu à même le sol, à l'abri du vent;

– assis ou étendu sur le sable, au bord de la mer, d'un lac ou d'un cours d'eau ;

– assis ou étendu sur un rocher, en montagne ou bien dans n'importe quel lieu où un rocher est accessible. Le rocher (matière très condensée) chauffé par le Soleil est une véritable « pile énergétique ».

On peut aussi prendre un bain de soleil, à l'intérieur d'un appartement, derrière une vitre ou une porte-fenêtre donnant à l'est ou au sud.

Tout lieu de repos ou de retraite, ainsi que tout véritable « centre de santé » devraient disposer d'un solarium ou de chambres-solariums.

L'idéal est de prendre un bain de soleil en étant dévêtu.

Cependant, à travers des vêtements légers, de préférence en fibres naturelles (coton, lin, ou soie – évitez la laine qui est isolante et qui ne convient pas pour « prendre » un bain de soleil), la peau reçoit tout de même les rayons et les particules subtiles que le Soleil émet.

Les meilleurs moments pour prendre un bain de soleil se situent entre le lever du Soleil et 10 heures du matin ; moments de la journée qui correspondent à l'essor de la lumière et au flux de l'énergie solaire.

Entre 10 heures et midi, ce mouvement de flux solaire est encore présent mais l'intensification de la chaleur a un effet desséchant sur l'épiderme et « ferme », en quelque sorte, notre peau aux influx du Soleil.

De plus, le printemps est la période de l'année la plus bénéfique pour prendre, régulièrement, des bains de soleil. C'est à cette époque de l'année que le prâna, ou énergie vitale, est le plus abondant dans l'atmosphère. En été, il y a plus de chaleur mais l'énergie vitale est moins abondante. On le vérifie au niveau des plantes (fruits et légumes) qui mûrissent mais ne croissent plus guère.

Il est conseillé de s'exposer progressivement au Soleil, afin d'éviter tout risque de brûlures ou de congestions. À la lumière des récentes découvertes, nous savons que, la couche d'ozone s'amenuisant, nous devons être prudents dans nos relations avec le Soleil; car toute exposition inconsciente comporte des risques sérieux de cancers de la peau ou de scléroses multiples de l'organisme.

Car l'action des rayons solaires est d'un tel dynamisme qu'elle sollicite vigoureusement les fonctions de l'organisme.

Notre organisme doit s'habituer progressivement aux énergies du Soleil, à plus forte raison si des troubles, plus ou moins prononcés, en altèrent les fonctions. Car, à ce moment-là, c'est une énergie « non domestiquée » qui fait face au Soleil: or, on n'apprivoise pas d'un seul coup un animal rétif.

Ainsi, quelques minutes suffisent au début (pendant une ou deux semaines).

Puis on peut passer à 10 ou 15 minutes (durant quelques semaines) pour finalement culminer à 20 ou 30 minutes, toujours durant la matinée et, gardons cela en mémoire, *jamais* durant le plein midi ou l'après-midi.

De plus, l'utilisation d'une crème solaire, à l'indice de protection élevé, n'est pas un luxe mais une nécessité.

Le bain de soleil spirituel

Le bain de soleil est encore plus bénéfique s'il est vécu comme un bain de soleil spirituel. «L'état d'esprit» ou «l'état d'âme» dans lequel nous prenons un bain de soleil en détermine la qualité et les bienfaits, pour le psychisme autant que pour l'organisme.

«La peau elle-même est neutre, dit Omraam Mikhaël Aïvanhov (*Pensée du jour, 3 septembre 1985*), elle peut tout laisser passer, le bon comme le mauvais. Ce qui oriente et détermine le travail de la peau, c'est la conscience, la pensée. D'après ce que vous avez dans la tête, la peau peut favoriser ou empêcher l'entrée de certains éléments. Si vos pensées sont pures, lumineuses et liées à Dieu, c'est comme si votre peau recevait un ordre supérieur de se mettre à travailler pour chasser les poisons et n'attirer que les particules et les énergies vivifiantes. Réalisée dans de bonnes conditions, cette communion avec les forces de La Nature peut vous purifier physiquement et psychiquement. »

L'attitude du bain de soleil est une attitude d'abandon : on *se laisse* envelopper par une ambiance et une énergie subtiles que l'on sait harmonisantes.

Ainsi le bain de soleil spirituel, même en dehors de tout bain de soleil physique, est l'attitude bénéfique et fructueuse de la prière et de la méditation :

– s'abandonner afin d'être saisis par La Présence Divine ;

– s'ouvrir afin d'être pénétrés par La Sagesse Divine ;

– s'offrir afin d'être comblés par L'Amour Divin.

Le bain de soleil spirituel nous apprend à *recevoir* en abondance pour *donner* généreusement en retour !

Être «éclairé» du centre ou de l'intérieur

Les lampions et les lampes religieuses qui diffusent de l'intérieur, un éclat doux, paisible et constant, nous rappellent que la sagesse de Dieu est un guide infaillible qui éclaire, de l'intérieur aussi, notre regard sur les êtres, les événements et toute forme de vie !

Rythmes et Dynamismes de La Vie sur Terre   107

«Un cierge qui se consume lentement, c'est ma prière qui continue»...

Cette petite phrase soulignait le rayonnement des cierges votifs, dans une petite chapelle, lieu de pèlerinages (*sanctuaire du Beauvoir, au Québec*).

Allumer un lampion, un cierge ou une chandelle signifie :

• Je cherche La Lumière.

• Je demande La Lumière.

• J'invoque La Lumière... pour moi-même, ma sœur malade, mon frère désemparé ou, tout simplement, pour la terre et l'humanité entières.

Le rayonnement des cierges a toujours accompagné les pèlerinages : il est le signe et le prolongement tangibles d'une requête de l'âme.

Il est, aux heures des haltes sacrées, le symbole de la requête ultime de tout pèlerinage terrestre ; La Lumière qui contient toutes les promesses :

• La Lumière qui met à jour ce qui était obscur.

• La Lumière qui vivifie ce qui était souffrant.

• La Lumière qui éclaire.

• La Lumière qui guérit.

• La Lumière qui sanctifie.

Aussi denses soient les ténèbres d'une situation, aussi profonde semble la nuit des angoisses et des doutes, aucun drame apparent ne saurait venir à bout de la Toute-Puissance de l'esprit, qui veille, inlassablement, au cœur de tout être !

«La faiblesse de l'Homme est l'opportunité de Dieu», proclament les Écritures sacrées :

– il suffit de dire un «oui» inconditionnel à cette Présence infiniment aimante ;

– il suffit de la reconnaître comme La Source unique et éternelle de tout bienfait et de toute guérison.

Cette attitude n'est pas passive mais la plus active qui soit!

Cette attitude de confiance absolue, comme un cierge éternel, allumé au sanctuaire de l'âme, dissipe, tôt ou tard, l'illusion ou l'adversité.

«L'esprit demeure inextinguible» dit Paul Claudel, dans *Le Partage de Midi*. Il ajoute: «Ainsi le cierge solitaire veille dans la nuit obscure, et la charge des ténèbres superposées ne suffiront point à opprimer le feu infime.»

Au cœur de la nuit, au cœur d'une église, au cœur d'une chambre ou d'un sanctuaire, dans la main d'un enfant, dans les yeux des plus grands, la lumière d'un cierge ou d'une chandelle prophétise un monde vers lequel on est en marche, irrésistiblement:

Le clair royaume de Dieu,

Ici, maintenant, ailleurs, demain, toujours!...

«La nuit est un buvard cosmique... Elle estompe, gomme et engloutit toutes les différences que le Soleil et le jour avaient mises en évidence. »

(*Crépuscule sur la forêt*, Shawinigan-Sud, Québec.)

«Rien n'arrête le cours d'une rivière. Elle contourne et dépasse tous les obstacles. La souplesse de l'eau est aussi sa force !»

(L'auteure et ses enfants, Chutes de la rivière Sainte-Anne, Québec, 1984.)

TROISIÈME PARTIE

Pratiques naturelles de régénération

*Jamais vous ne séparerez la notion de guéri-
son de la voie de la lumière, elles sont synonymes puisqu'en vérité notre éloignement du
Grand Soleil des univers est la maladie
suprême dont nous émergeons chaque jour un
peu plus.*

ANNE ET DANIEL MEUROIS-GIVAUDAN

Les Frères de Vénus

1

Les pierres, les perles et les cristaux

Comme la graine détient les clefs du pouvoir et des rythmes de La Vie, la pierre, qui est aussi une graine froide et fixe, détient les clefs permettant d'ouvrir des portes de sagesse que l'homme n'a pas réussi à découvrir.

MARIO MERCIER

Les pierres et les cailloux, compagnons sacrés

Toutes les roches sont issues de la terre.

Elles ont toutes la densité et la compacité de l'élément terrestre.

Cependant l'eau, l'air ou le feu les ont transformées, modelées, taillées, sculptées ou polies et leur ont transmis leurs propres dynamismes.

Chaque roche est, à un certain degré, une condensation de ces quatre éléments.

Ainsi chaque roche ou chaque pierre est, en soi, un univers avec sa rythmique et ses vibrations particulières.

Les «pierres de feu», tel le silex ou bien les roches pare-feu, tel le mica sont évidemment en lien direct avec l'élément feu qu'elles suscitent ou dont elles protègent. Ces roches sont, en général, de structure anguleuse, cristalline ou feuilletée, éléments de structure « yang » qui les apparentent, avec leur aspect brillant ou translucide, aux rayonnements de l'énergie solaire.

Elles ont un effet stimulant et tonifiant sur le système nerveux.

Les pierres polies, arrondies ou bien ouvragées par les marées, les torrents ou les rivières sont des « pierres d'eau ».

Elles en ont acquis le magnétisme, la douceur, la force et la fraîcheur.

L'eau étant soumise aux cycles de la Lune, leur aspect est moins brillant que celui des pierres de feu ; il est plutôt doucement luisant, satiné comme la clarté lunaire.

Ces pierres d'eau sont des grandes amies pour l'homme d'aujourd'hui.

Elles se lovent aisément dans la paume de la main qui en épouse facilement la rondeur et le grain satiné. Leur contact est une caresse fraîche et chaste qui apaise l'émotivité et harmonise le système nerveux. Placée quelques instants contre le front, une pierre d'eau apaise le mental et active en douceur le chakra du front, « le troisième œil », en purifiant et en élargissant notre regard sur La Vie et la force cachée de toutes choses tangibles !

C'est un don de ces pierres d'eau que de nous permettre de «clair-voir» La Vie qui pulse en toutes les petites (ou grandes) choses qui nous entourent, dans notre environnement et dans La Nature.

Lorsqu'une pierre nous attire fortement, on peut la prendre, après avoir exprimé notre intention au deva (ange gardien) du lieu où elle se trouve... et remercié en conséquence !

Le compagnonnage d'une pierre nous sera bénéfique si nous lui accordons de l'amour et du respect avec une intensité et une ferveur égales à son appel.

Car une pierre qui nous attire est une pierre qui nous appelle : nous avons un bout de chemin à faire ensemble. N'en cherchons pas, mentalement, la raison !

Mais communions avec elle à la source de vie commune qui nous a permis cette rencontre et cette alliance.

Les pierres que l'on a, d'une certaine façon, « déracinées », ont besoin d'être régulièrement « rechargées » par l'élément qui leur est familier.

Les pierres de feu, granit, silex, mica, quartz, etc. seront rechargées par le Soleil du plein midi, durant la journée de la pleine lune.

(Le solstice d'été est, évidemment, la fête solaire de prédilection des pierres de feu.)

Les pierres d'eau seront rechargées par les forces lunaires durant la nuit qui suit la nouvelle lune. - On les placera dans un contenant de verre rempli d'eau. - Étant très magnétiques, ces pierres d'eau vont incorporer, « s'incorporer » l'énergie propre à la nouvelle lune.

Par exemple, une pierre d'eau rechargée lors de la nouvelle lune du soleil en Bélier, diffusera cette énergie en douceur pendant les quatre semaines suivantes. Le solstice d'hiver est la fête de prédilection des pierres d'eau.

Oui chaque pierre est bel et bien une « graine froide » qui contient, capte et diffuse les mille et un secrets des royaumes de La Vie !

Le cristal de roche, une sublimation du roc et de l'eau

Le cristal de roche est, en quelque sorte, une émanation de l'eau douce et du feu.

Il est le fruit terrestre et cosmique d'une longue complicité entre la roche, l'eau et le feu.

De nombreux cours d'eau coulent parmi des pierres et des rochers, en particulier les torrents et les sources de montagnes.

La roche et l'eau voisinent bien souvent. Cependant elles sont aux antipodes l'une de l'autre :

– la roche est dure, l'eau est souple ;

– la roche est compacte, l'eau est fluide ;

– la roche est fixe, l'eau est libre ;

– la roche est figée, l'eau est courante ;

– la roche est opaque, l'eau est transparente.

Mais le cristal n'est pas opaque. Il a la transparence de l'eau.

Le cristal ne serait-il pas la sublimation de la roche, dans son effort pour acquérir les vertus de l'eau, en particulier sa transparence à la lumière, son magnétisme et sa radiance?

Ou alors serait-il une sublimation de l'eau courante dans son aspiration à *fixer* la lumière qui la pénètre?

Cette intimité mystérieuse et secrète entre l'eau et le cristal est tangible, visible, évidente au niveau de « l'eau de roche » qui est, justement, une eau qui sourd d'un rocher et dont la principale caractéristique est la limpidité, la pureté, la transparence parfaitement... « cristalline ».

L'expression « clair comme de l'eau de roche » n'évoque-t-elle pas, elle aussi, cette complicité magique du cristal et de l'eau?

Les vertus et les potentiels du cristal de roche sont évidemment multiples. De nombreux chercheurs, *exo* ou *« ésotéristes »* s'attachent à démontrer et à expliquer les pouvoirs du cristal.

Sachons simplement que le cristal, par sa triple appartenance au royaume minéral, au magnétisme, à la transparence de l'eau et au rayonnement solaire est une entité très magnétique et très pulsatile; il peut devenir un compagnon spirituel discret

et puissant si nous voulons *acquérir ses qualités* et non seulement
« l'utiliser » pour ses pouvoirs !

Utiliser le cristal sans « l'amour avant tout » peut signifier
jouer aux apprentis-sorciers !

(Des frères lointains l'ont apris à leurs dépens.)

Car accueillir, dans sa vie, la présence et l'aide d'un cristal,
c'est surtout accueillir une entité qui nous enseigne, jour après
jour, les voies de La Lumière !

Les perles, émanations de la mer et sublimation de l'adversité

Comme la mer dont elle est issue, la perle est reliée à la
Lune, dont elle a acquis la forme sphérique, la clarté satinée et
dont elle transmet les vertus condensées lors de son élaboration.

Or nous savons que la vertu essentielle de la Lune est de
catalyser les influx solaires et cosmiques afin que la Terre dont
elle est l'assistante puisse les utiliser pour manifester et matérialiser La Vie, sous forme minérale, végétale, animale,
humaine, etc.

La perle peut être considérée comme une émanation marine
de la Lune.

De plus, la manière même dont elle a été élaborée accroît le
potentiel *«trans-formatif»* de la Lune qu'elle détient.

La perle provient de l'huître.

L'histoire de la perle est très simple et très instructive. Tout commence par un grain de sable qui s'est introduit dans la coquille d'une huître.

Comme l'huître n'a aucun moyen pour évacuer ce grain de sable qui l'irrite, elle sécrète une substance qui l'enveloppe.

Cette substance est sécrétée, durcie et polie selon les cycles de la Lune.

La perle nous démontre ainsi qu'il existe un moyen efficace pour venir à bout de certains obstacles :

Bénir (c'est une forme subtile et puissante de sécrétion) l'objet de notre tourment, afin de le transformer en richesse et en beauté.

«Bénissez vos ennemis!» nous est-il conseillé.

Si l'huître est capable de le faire, avec un évident succès, pourquoi ne le pourrions-nous pas?

Ainsi la perle porte, dans sa substance même, le secret de la sublimation.

La perle purifie.

Elle rafraîchit, tempère et apaise.

Elle guérit et cicatrise, agissant comme un baume ou un onguent.

Par sa couleur blanc-oranger, la perle est aussi reliée aux énergies solaires.

Ainsi, selon le processus homéopathique de la guérison par les semblables, elle harmonise certaines altérations physiologiques ou psychiques où interviennent les forces du feu :

– fièvres, «feux sauvages», irritations diverses, brûlures ;

– angoisses, palpitations cardiaques, nervosité.

Les perles sont généralement portées en collier, au niveau du cou et/ou de la poitrine, sièges respectifs de la thyroïde (chakra de la gorge) et du cœur (chakra du cœur): deux niveaux souvent éprouvés par les symptômes de la nervosité.

De plus, étant une émanation directe de la mer et des cycles de la Lune, la perle est une bonne compagne pour la femme dont elle peut harmoniser le cycle et le flux menstruels.

Arme de paix pour l'huître, la perle est, pour nous aussi, un joyau instrumental de pacification et d'harmonisation.

Les pierres précieuses, servantes terrestres et cosmiques de la richesse et de la lumière

Comme leur nom l'indique, les pierres « précieuses » sont ce que la terre recèle de plus précieux ! Depuis la plus lointaine Antiquité, elles ont fasciné l'Homme. Elles furent souvent l'objet de convoitise, de recel et toujours l'objet d'une admiration sans bornes.

Les costumes et certains objets royaux, princiers ou sacerdotaux étaient autrefois incrustés de pierres précieuses.

Cet usage est, de nos jours, moins répandu, mais à travers le monde, les « têtes couronnées » portent encore nombre de ces joyaux, symboles de richesse et de puissance.

Les pierres précieuses sont présentes dans la plupart des légendes de notre planète où elles figurent comme l'objet de nombreuses aventures.

Très souvent, le héros va les chercher au plus profond d'une caverne, d'une grotte ou d'un palais mythique, en cristal généralement.

Ces légendes sont l'illustration symbolique d'une double réalité :

• Effectivement, c'est la Terre qui élabore ces joyaux précieux, par un lent, patient et amoureux labeur alchimique.

Cette constatation devrait, à elle seule, nous inciter à respecter la Terre qui forme et offre de tels trésors! Car elle nous démontre que la Terre est un grand être dont l'intimité créatrice avec le Soleil et les étoiles élabore des prodiges que nous sommes incapables de reproduire exactement.

- Mais cette grotte de cristal représente aussi notre âme, le seul lieu où l'on peut trouver les potentiels de l'Esprit Divin (les pierres précieuses).

Ainsi, les pierres précieuses (et, d'une façon similaire, les pierres semi-précieuses - l'améthyste, par exemple) nous démontrent, de façon tangible, que la matière terrestre possède, en elle-même, un attribut divin: le potentiel de transformation de la matière brute en matière lumineuse!

Les pierres précieuses expriment, avec une incomparable perfection, le but de la Terre (qui est aussi le nôtre puisque nous sommes ses enfants):

Matérialiser, de façon visible et tangible, les qualités et les vertus universelles!

La tradition accorde une vertu particulière à chaque pierre précieuse:

- vertu spirituelle,

- vertu thérapeutique.

L'objet de notre propos n'est pas de faire un inventaire comparé de ces vertus (de nombreux ouvrages y sont consacrés) mais d'accueillir *le message* de toute pierre précieuse:

Il existe, sur terre, une relation sacrée entre des dimensions qui sont, apparemment, extrêmes:

- l'aspect dur et compact de la pierre, et la lumière qu'elle capte et transmet avec une pureté tellement admirable qu'elle rend cette pierre... «précieuse»;

- les profondeurs de la Terre recèlent des trésors de lumière;

– le moindre peut se changer en *plus*! La situation ou la circonstance la moins agréable peut se changer en fête ou bien nous conduire à un niveau de conscience et de vie supérieur.

Qu'il s'agisse de la matière terrestre ou de la matière de notre vie, la consécration à la lumière peut opérer cet «apparent» prodige!

Les pierres précieuses ne sont donc pas de simples objets d'apparat ou de grande valeur, ni même des instruments particuliers de guérison.. Les pierres précieuses sont des «aides spirituels». Posséder une pierre précieuse, c'est avoir une amie sacrée qui nous relie au Soleil et aux étoiles et qui nous apprend, jour après jour, à transformer notre propre matière en lumière!

(Vouloir posséder ou offrir un bijou précieux, par avidité, par désir de séduire ou simplement pour l'apparat, est une profanation.)

Encore une fois, il nous faut retrouver le sens sacré de la matière au-delà des symboles.

Le symbole est utile dans la mesure où il nous permet de retrouver la dimension sacrée de *tout ce qui existe*!

Privilégier le symbole et méconnaître la puissance sacrée de *La Matière* qui le sous-tend nous conduira seulement à rêver d'un monde meilleur plutôt que de participer à son élaboration!

Or, il nous est demandé d'*Être* et non pas seulement de *Savoir*!

À quoi bon admirer la beauté, la richesse et la lumière d'une pierre précieuse si ce n'est pour générer, à notre tour et de façon tout aussi concrète, beauté, richesse et lumière autour de nous, à travers *notre vie matérielle.*

Nous changerons de « niveau d'être », le jour où nous aurons « démontré » toute la magnificence du plan physique !

Les rochers, condensateurs et émetteurs d'énergies

Malgré leur aspect inerte, les rochers sont de formidables condensateurs et émetteurs d'énergies.

Premièrement, ils sont très sensibles aux variations de la température : après une nuit de gel, un rocher est très froid au toucher mais, après quelques heures de soleil, il devient rapidement chaud au toucher.

Enracinés dans la terre à laquelle ils appartiennent, ils condensent et transmettent les vibrations des énergies telluriques.

Mais, par leur puissant magnétisme, ils sont aussi des condensateurs et des transmetteurs des forces cosmiques véhiculées par l'atmosphère.

Par conséquent, ils agissent comme une puissante pile harmonisante pour le système nerveux et l'organisme humains, rétablissant l'équilibre des forces physiologiques et leurs supports psychiques.

Une bonne façon « d'utiliser » cette force harmonisante des rochers est de s'asseoir sur un rocher en fin d'après-midi (au moment où le rocher diffuse les énergies cosmiques et telluriques ainsi que la chaleur emmagasinée durant la journée*).

------

* Le rocher, en après-midi, agit comme un diffuseur d'huiles essentielles : il diffuse lentement, dans son environnement, les énergies emmagasinées.

Asseyez-vous, en lotus ou à l'indienne, la colonne vertébrale bien droite car c'est elle qui sert d'arbre ou d'axe transmetteur pour l'incorporation des énergies cosmo-telluriques dans votre organisme. Relâchez les épaules, les muscles du cou et du visage, laissez vos mains libres sur vos cuisses et respirez très lentement et très profondément.

Au printemps et en été, cette pratique est un excellent moyen de régénération... et de préparation pour un bon sommeil réparateur.

2

Les fleurs et les parfums

Chaque fleur est une âme
à La Nature éclose...

GÉRARD DE NERVAL

Les fleurs sont une sublimation de la matière et une émanation tangible de la lumière

Dans La Nature, les fleurs croissent à partir du moment où les forces de chaleur et de lumière s'avivent dans l'atmosphère.

La matière des fleurs n'est pas, à proprement parler, « terrestre ». Elle est plutôt un don du cosmos, la communion vibrante et rendue visible de l'éther de chaleur et de l'éther de lumière véhiculés par l'air et l'atmosphère, à la saison douce.

La matière des fleurs est un aspect unique de La Nature terrestre, un niveau d'être et d'espace vibrant :

– entre la matière et l'émanation,

– entre l'offrande et le rayonnement.

Par sa corolle et ses pétales, la fleur est toute offrande ! Offrande totale et extatique à l'étreinte de la lumière, qui se transmue en radiance.

Plus on s'ouvre, plus on rayonne !

Plus on s'abandonne à l'embrasement de l'esprit, plus on fleurit à une vie radieuse et fructueuse !

Car la fleur, comme une étoile végétale ou un petit soleil, pulse et rayonne depuis le sanctuaire sacré, et parfois secret, de son cœur jusqu'à la pointe vibrante de ses pétales.

Les fleurs nous enseignent la grâce de l'abandon et le don de soi. Elles nous guident, aussi sûrement, dans la voie solaire du pur et vrai rayonnement: celui qui jaillit de l'intérieur vers l'extérieur, comme la fleur éclot du bouton.

À contempler souvent la lumière, la beauté et la grâce éthérée des fleurs, nous apprendrons, à notre tour, à transmuer notre propre matière.

L'humanité deviendra vraiment un «*Flower People*» lorsque, à force d'amour et d'aspiration à la lumière, nos cellules deviendront plus subtiles, plus vives et plus vibrantes.

Comme dans les contes de fées (qui ne sont pas des légendes du passé mais le miroir de notre avenir), nous revêtirons alors des «habits princiers», c'est-à-dire la dimension «éthérique» de l'existence, prolongement attendu et certain de notre existence physique actuelle.

Les fleurs nous apprennent aussi que la subtilité et la grâce ne sont pas synonymes de faiblesse... et que la souplesse est, au contraire, gage d'endurance et de durée:

Les fleurs, au sommet de leurs tiges graciles, «tiennent bon» sous l'averse et dans le vent.

Les fleurs qui nous émeuvent le plus sont souvent des fleurs qui croissent dans des conditions apparemment difficiles:

- les fleurs «perce-neige»;

- les premières fleurs printanières que l'on voit soudain éclore dans le moindre espace ensoleillé;

- les fleurs de haute montagne, les fleurs de rocailles ou bien les fleurs arctiques qui doivent surmonter des conditions arides (peu de terre arable, froid, vents intenses, etc.) pour se manifester.

Mais au bout du compte c'est un surcroît de beauté et d'intensité lumineuse que ces fleurs irradient!

Il en est de même pour nous. Tout contexte provisoirement adverse ou aride permet le développement d'âmes fortes et rayonnantes; par la nécessité de surmonter un contexte déplaisant, l'âme trouve l'élan nécessaire pour grandir et fleurir à un niveau de conscience et d'être plus intense et plus vivace.

L'environnement floral favorise des relations harmonieuses avec soi-même et les autres

Nous avons de multiples opportunités de fréquenter les fleurs.

De nombreuses plantes à fleurs s'adaptent aisément à la vie d'une maison, à l'intérieur des appartements ou bien sur les balcons et les bords des fenêtres.

Cultiver des fleurs dans un jardin est, évidemment, une grâce! Si nous pouvons jouir de cette grâce, nous devrions offrir à nos parents, amis ou voisins, la joie de visiter «nos» fleurs!

On a l'habitude d'offrir des fleurs coupées ou en pot, pour manifester tendresse et amour envers son prochain. C'est une belle coutume. Mais les fleurs coupées sont éphémères et une plante en pot n'a pas toujours été cultivée dans un contexte qui favorise son plein épanouissement.

Ainsi, accorder à quelqu'un la grâce de visiter «nos» fleurs ou notre jardin est une offrande tout aussi belle et amoureuse! L'atmosphère fleurie et odorante d'un jardin est tendresse, est amour, est joie: elle est l'opportunité claire et vivifiante d'un échange-harmonique. Car les fleurs... «mystère d'amour dans la métamorphose» harmonisent nos pensées, nos sentiments, nos gestes, nos élans et nos émanations.

De même, une promenade, seul, à deux ou à plusieurs personnes, dans la campagne printanière ou estivale, ou bien dans un parc ou dans un jardin botanique est encore une opportunité d'échange et de croissance harmoniques.

Les fleurs sont des guides spirituels

Chaque fleur est le vêtement de lumière d'un être spirituel d'une grande beauté...« une âme à La Nature éclose »... Les fleurs témoignent de l'amour du créateur pour sa création et cet amour est diffusé dans leur aura.

La pédagogie amoureuse des parfums et des fleurs

La juste appréciation des fleurs et des parfums naturels affine notre sens de l'amour et anoblit nos gestes d'amour.

Lanza del Vasto affirmait que « celui qui est le familier des fleurs peut regarder les joues et les cils d'une femme longtemps et sans soupçon de péché ».

Oui, l'homme qui sait comment respirer une fleur saura comment aimer sa compagne, et toute femme...

– sans rien faner, sans rien flétrir ;

– sans rien prendre, sans rien détruire, simplement en respirant dans le calice de cette âme le parfum solaire de la femme éternelle.

Cet amour le comblera car il l'unira à la grâce de l'éternel féminin, à travers « l'objet » de son amour.

Cet amour anoblira sa compagne, car, ayant reçu, par cet amour, la semence solaire du pénétrant regard divin (un seul regard de Dieu crée une fleur !...), elle se sentira, même inconsciemment, inspirée pour s'ajuster corps et âme à la grâce divine !

Elle retrouvera ainsi sa véritable mission cosmique, en toute innocence et virginale puissance : être le berceau vibrant de La Vie Divine dans le temple terrestre de l'Amour Universel. Toute existence féminine est vestale... Il importe que les frères d'aujourd'hui le comprennent... et acceptent d'être les clairs chevaliers du feu divin, princes-messagers et semeurs de soleils dans un *terroir* essentiellement féminin qui a besoin du feu de cet amour consacré, pour faire fleurir La Vie, en chaque maisonnée, en chaque jardin, en chaque création, en chaque relation !...

Cet amour est-il pour demain ou pour « après-demain » ? La transmutation de nos convoitises en aspirations et en dons en déterminera l'heure, le jour et l'épanouissement.

Nos gestes d'amour parfois trop prégnants deviendront, un jour, aussi subtils que les gestes du vent.

Déjà nos regards déversent parfois le ciel dans l'âme de nos bien-aimés ou de celui ou celle qui passe... Un simple regard, un seul battement de paupières ou bien un simple signe de la main peut être un cadeau de lumière et un flot d'amour... Mais l'amour attend de nous un geste ou deux de plus dans cette danse universelle à laquelle il nous convie...

Un jour viendra où l'union amoureuse sera simplement l'enveloppement mutuel et rituel de deux flammes humaines d'où naîtront des enfants-lumière qui béniront la race humaine et la Terre !...

Car la véritable union a lieu au niveau de nos émanations qui sont semblables à la lumière et aux parfums des fleurs.

Elles font partie de notre aura. Et, bien avant que nous exprimions le moindre geste ou la moindre parole, bien avant que nous esquissions le moindre sourire ou le moindre regard, nos émanations ont déjà touché l'âme de celui ou celle qui vient à notre rencontre.

Si nous cultivons l'art de vivre selon la subtilité radiante des fleurs, nous trouverons, ici même, le seuil sacré de l'harmonie.

Pour quelque temps encore, nos gestes seront peut-être les mêmes... mais quelque chose de subtil en aura modulé l'élan et l'expression.

Nos émanations elles-mêmes deviendront parfumées car elles seront le témoignage de notre communion intime avec l'essence divine de toute vie.

Les poètes prophétiques et les mystiques, parlant du « sillage » des initiés, évoquent un parfum particulier qui les enveloppe ou les accompagne. Ceci n'est pas une allégorie mais une réalité : l'un des niveaux d'expression les plus représentatifs du potentiel divin de toute existence !

Car tout parfum, connu ou inconnu, qui exalte notre soif et notre quête de l'harmonie, ne peut nous tromper : sa fragrance est la signature d'un Dieu !

Le parfum, modèle de la véritable puissance

L'émanation ultime de la fleur est son parfum.

Le parfum est le symbole et la réalité de la véritable puissance ! Nul ne peut s'en défendre. Il pénètre partout.

Le parfum est insinuant et irrésistible !

Les parfums sont des émanations du cœur de La Nature : le parfum d'une fleur, d'un fruit, d'une écorce, d'une herbe, d'un peu de terre ou bien d'un peu de vent...

Le parfum est si puissant qu'il envahit toute une atmosphère, nous transportant, par quelques effluves, dans la beauté généreuse des jardins du paradis.

Le parfum évoque la beauté silencieuse de La Nature qui exhale sa puissance tandis que l'homme est endormi. Car les parfums traversent la nuit, courants invisibles et odorants de l'exhalaison nocturne des plantes et de la terre.

D'un bord à l'autre du jour et de la nuit, les parfums composent une symphonie odorante, un arc-en-ciel d'essences, un florilège aromatique des énergies radiantes du Soleil.

Certaines essences s'épanouissent à l'aube, d'autres préfèrent le plein midi, d'autres encore le couchant ou la nuit :

– les parfums de l'aube sont frais et délicats ;

– les parfums du plein midi sont vibrants et rayonnants ;

– les parfums, au seuil de la nuit, ondoient suavement.

Autant d'heures pour traverser la journée, autant de qualificatifs pour évoquer l'infinie variété des parfums naturels et s'en nourrir subtilement !

Chaque instant diffuse la puissance d'un parfum particulier.

Chaque jardin a ses parfums, chaque région, chaque pays, chaque contrée a ses parfums !

Les villes elles-mêmes, au-delà de la pollution, ont chacune « leur » parfum ! Ce parfum est très perceptible, aux petites heures de l'aube, quand la ville est encore endormie.

- Dans les villes maritimes, l'aube transporte, avec les cris des oiseaux de mer, tous les parfums de la mer.

- Dans une ville de montagne, l'aube transporte, avec la rumeur des torrents, le parfum subtil des vents de neiges ou bien les fragrances sucrées des prairies ou des forêts voisines.

L'aube, ici ou là...

L'aube qui introduit le jour, introduit aussi la puissance parfumée de La Vie !

Le parfum est l'expression parfaite de la puissance parce qu'il est l'émanation d'une essence (à tous les sens du mot).

Il est l'émanation de La Vie elle-même :

– recueillie dans le calice d'une fleur ;

– et concentrée dans quelques étamines, quelques pétales, un fragment d'écorce ou une coulée de terre.

Le parfum travaille dans le silence.

Il en est l'épanouissement sensible et tangible.

Le « témoignage » est l'équivalent humain de la puissance silencieuse du parfum !

Parfums naturels, parfums de synthèse

Les meilleurs parfumeurs du monde ne réussiront jamais à copier la puissance des parfums naturels. Les parfums de synthèse créés par l'Homme sont toujours un peu «lourds» et envoûtants car créés de main d'hommes et reconstitués à partir d'éléments divers; ils n'ont pas la subtilité incomparable des parfums solaires de La Nature.

Seuls les parfumeurs, dont l'âme communie aux effluves de La Nature, peuvent offrir des parfums qui exaltent au lieu d'envoûter.

Les parfums naturels qui sont une synergie d'essences et d'extraits naturels *exaltent* notre sensibilité subtile car leurs qualités nous relient à l'essence de La Vie.

Recherchez le parfum qui «parle» à votre *«claire-odorance»*. Il vous conduira, sans violence mais de façon efficace, à retrouver un seuil vibratoire qui harmonisera votre existence. En cela, votre «âme sentante» est le seul guide. Aucun parfumeur, même le plus consciencieux, ne peut vous y aider.

Aromathérapie d'atmosphère

L'aromathérapie est une science très ancienne.

Le parfum et l'âme humaine ont tous deux la propriété «d'émaner»...

Il existe ainsi des liaisons subtiles entre l'âme humaine et les essences aromatiques, que le parfum diffuse sous forme d'ambiance aromatique et que l'âme humaine manifeste sous la forme de qualités et de vertus.

Le parfum ne «guérit» pas, à proprement parler.

Mais, selon la loi des semblables et du mimétisme sacré, il éveille, exalte ou équilibre les potentialités de l'être humain.

L'aromathérapie d'atmosphère est une pratique très accessible qui pourrait s'avérer « de salut public » si elle était largement répandue.

Il existe des « diffuseurs » de parfums. Certains de ces diffuseurs sont des appareils plus ou moins sophistiqués que l'on peut se procurer dans certains commerces de produits naturels.

Les plus simples sont des petits contenants de poterie que l'on remplit d'une huile essentielle, d'une essence florale ou d'un mélange d'essences.

La matière de ces contenants étant légèrement poreuse, permet la diffusion continuelle et en douceur du parfum choisi.

Ainsi l'atmosphère ambiante est imprégnée par cette essence aromatique. C'est La Vie à l'état pur qui est ainsi diffusée, ainsi qu'une « odeur de guérison »! Car le parfum évoque, exhale et invoque les forces curatives et harmonisantes de La Vie.

Cette pratique sera appréciée dans toute maison particulière. Elle transformera aussi l'ambiance de tous les lieux publics où l'on « séjourne », d'une façon ou d'une autre :

– salles de rencontres et de conférences,

– lieux de repos ou de retraites,

– salles d'attente,

– salles de consultation,

– salles d'opération et de soins de santé.

Le parfum envahit! Par conséquent, certaines essences aromatiques dont le principe actif apaise et harmonise le système nerveux annihileront la peur ou l'anxiété des patients ou des consultants.

(Nous pouvons indiquer, à ce propos, le mélange d'huiles essentielles de lavande et de marjolaine comme ambiance aromatique apaisante.)

Cette pratique peut s'avérer une excellente préparation à toute intervention médicale ou chirurgicale.

Les «centres de santé», dignes de ce nom, devraient tous posséder des jardins de fleurs, cultivées non seulement en fonction de l'harmonie visuelle mais aussi en fonction de l'ambiance aromatique qu'elles dégagent. Car la synergie des parfums diffusés dans de tels jardins est, en soi, d'une grande puissance harmonisante.

L'aromathérapie fait partie des médecines énergétiques. L'aromathérapie d'ambiance en sera, demain, le complément reconnu.

L'iris, fleur-compagne de l'être humain en mutation

L'iris est une fleur très répandue sur la terre. On le trouve sous des latitudes très diverses et à des altitudes étonnantes.

Selon son lieu d'origine, il varie quelque peu de forme, de volume, d'envergure, de couleurs et de nuances. Mais tous les iris ont, en commun, un certain nombre de qualités:

- l'iris se développe dans des conditions minimales et fort diverses: sol aride, sec et même pierreux ou bien bords de rivières, de ruisseaux, de lacs ou d'étangs: donc, une capacité réelle d'*adaptation* à des contextes d'existence extrêmes;

- plante indigène, dans certains lieux et certains pays, mais souvent cultivé, l'iris fait partie des plantes vivaces et il survit longtemps aux générations d'êtres humains qui l'ont planté et en ont pris soin: il révèle ainsi une étonnante capacité d'*endurance* et de *pérennité*, qualité plus spécifique des arbres que des plantes à fleurs;

- la tige et le feuillage de l'iris est rigide et ferme, mais, ô merveille, la fleur qu'ils supportent est étonnante et émouvante par sa *grâce*, sa *force* et sa *diaphanéité*: apparente gracilité seulement, car la fleur de l'iris résiste aux pluies et aux bourrasques les plus drues;

– le parfum subtil de l'iris s'harmonise aussi bien au plein soleil qu'aux atmosphères pluvieuses, à la chaleur du jour, qu'à l'aura brumeuse des rosées matinales: une fleur en harmonie avec l'énergie nocturne autant que l'énergie diurne.

L'iris, au-delà de ces qualités vitales, dont il témoigne, symbolise d'autres qualités universelles qui en ont fait un emblème de royauté et de pouvoir, dans de nombreux pays, pour divers peuples et leurs gouvernants.

Car, le «lys» de certains blasons, étendards, armoiries et drapeaux est, en fait, l'iris!... l'iris blanc, très répandu sur les bords d'une certaine rivière, la Lys. De cette histoire, on a traduit, ultérieurement, que le lys était l'emblème royal, alors que (malgré l'incontestable symbolisme virginal du lys), c'est l'iris qui représente cet emblème par ses qualités de force, de grâce, de pérennité et d'universalité.

Le nom d'*Iris*, lui-même, a plusieurs origines et étymologies:

– Iris est un nom poétique utilisé pour désigner l'arc-en-ciel auquel il s'apparente par les délicates nuances irisées de ses pétales;

– Iris signifie aussi «œil du ciel» ou «reflet du ciel»; on peut ajouter qu'il pousse, naturellement, dans les «montagnes des Dieux»: l'Himalaya du Garthwal, en faisant une fleur «qui côtoie les Dieux!»

– Iris est encore, dans la mythologie grecque, le nom de la déesse-messagère des Dieux.

Étymologiquement, le mot *Iris* est d'une extraordinaire puissance vibratoire!

Il est composé de deux «racines»: IS et RA, fusionnées et contractées en un seul vocable: iris.

– IS est (comme *Isis* qui en est dérivé) une expression phonétique-vibratoire «racine» pour désigner le principe divin féminin, la déesse-mère, la Mater Materia universelle.

– RA est (comme *Ram* ou *Osiris* qui en sont des dérivés) un phonème vibratoire pour désigner le principe divin masculin, le Soleil créateur, le principe créateur, etc.

Il est aussi intéressant de noter que l'iris, selon certains observateurs, est une plante qui manifeste un caractère androgyne marqué.

On pourrait ainsi décrire longuement toutes les facettes de cette fleur merveilleuse.

On aura donc tout intérêt à accorder beaucoup de soins et d'attention à cette plante, à la planter et à la cultiver, toutes les fois que cela est possible, aux abords immédiats de sa demeure.

Car ses qualités et sa fonction de plante-vestale en font une plante-compagne de très bonne fréquentation, très bénéfique pour l'évolution de l'être humain d'aujourd'hui, à l'aube d'un changement d'ère et de conscience qui requiert le développement de toutes les qualités illustrées par l'iris!

3

Les arbres et la forêt

La forêt confirme le lyrisme de l'arbre, avec ses troncs, pour certains, puissamment centenaires.

Au point de nous transmettre une mystique liberté du sens créateur de La Vie. L'arbre fait honneur à La Vie en justifiant superbement l'émancipation de ses racines, venues renforcir les conquêtes intérieures. Dans chaque arbre, il y a quelque chose de triomphant, de consacré, sur tous les fronts intensifs de La Vie : ce sont les racines ; elles foudroient l'intérieur de la terre pour que jaillissent les branches à mieux surplomber les horizons propulsifs. Une image pour l'homme, l'homme en devenir, qui se doit comme la racine, de rentrer en lui-même, pour atteindre ce même horizon et la transparence du ciel, celui-là collectif, Divin. L'arbre est absolument Soi.

MICHEL CLOUTIER

Ce texte de Michel Cloutier, journaliste et écrivain de la Mauricie, région du centre du Québec et terroir de vastes et denses forêts, nous introduit amplement dans le royaume puissant des arbres.

• L'arbre dru et puissant dans son essor élève notre regard et nous accorde aux « respirs » de La Nature vivante où nous puisons forces et rajeunissement.

• L'arbre dru et frémissant dans la fraîcheur lumineuse de l'aurore est le premier témoin des noces alchimiques du ciel et de la terre auxquelles nous convie le Soleil levant.

• L'arbre dru et rayonnant dans le crépitement estival de midi nous accorde majestueusement ombre et repos.

• L'arbre dru et altier à la croisée des chemins, nous indique l'origine, la force et la direction du vent.

• Au cœur des forêts profondes, il nous introduit dans le royaume du silence et des grandes musiques du vent.

La multiplicité des arbres transforme un bosquet en forêt.

Mystérieuse forêt où chaque détour de sentier est une porte ouverte sur une réalité magique, distillée en effluves subtiles comme le soleil infusé dans le treillis des branches.

Mystérieuse forêt d'hiver où les arbres nus, immobiles dans le froid radieux du ciel, semblent enracinés dans l'univers et l'éternité ! « En hiver, les arbres ont leurs racines dans le ciel et, la nuit, marchent sur un tapis d'étoiles ! » Saurons-nous un jour, comme les arbres, changer ainsi de polarité ? Saurons-nous poursuivre intérieurement notre avancée et notre croissance, à plus forte raison si « l'hiver » semble figer l'espérance ou ralentir nos pas de danse ?

Le symbolisme de l'arbre

Dans toutes les traditions, l'arbre est le symbole de La Vie en croissance, symbole aussi de protection divine et de stabilité terrestre.

Le symbolisme de l'arbre est enraciné si profondément en nous qu'il faut remonter à la genèse des temps pour en retrouver la première expression manifestée.

Omraam Mikhaël Aïvanhov l'évoque clairement:

«Dans le jardin d'Eden poussait une multitude d'arbres, mais la genèse n'en mentionne que deux: l'Arbre de La Vie, et un autre qui est devenu depuis particulièrement fameux: l'Arbre de la Connaissance du Bien et du Mal. L'arbre de La Vie représentait l'unité de La Vie, là où ne se manifeste pas encore la polarisation, c'est-à-dire où il n'y a ni bien ni mal: une région au-dessus du bien et du mal. Tandis que l'autre arbre représentait le monde de la polarisation où l'on est obligés de connaître l'alternance des jours et des nuits, de la joie et de la peine, etc. Ces deux arbres sont donc des "régions" de l'univers et non de simples végétaux.»

Il dit aussi:

«Comme l'univers, l'Homme est fait de deux régions: une région supérieure qui correspond à l'arbre de vie et une région inférieure qui correspond à l'arbre de la connaissance du bien et du mal, là où sont les racines des choses.»

En fait, l'Individualité, l'Esprit en soi, le Christ en soi, ou Le Soi. Et la personnalité, la façon dont nous comprenons et dont nous exprimons la réalité de l'esprit. Il semble donc que, si nous restons au niveau de la personnalité, nous serons soumis aux alternances, aux partialités et aux souffrances que génère l'arbre de la connaissance du bien et du mal. Tandis que si nous aspirons à retrouver en nous les enseignements de l'arbre de vie, nous retrouverons alors cette «philosophie» et ce chemin d'unité qui conduisent au royaume de la Sagesse et de l'Amour Universels.

L'arbre, générateur et diffuseur de La Vie

Le fait est bien connu que les arbres génèrent l'oxygène nécessaire à La Vie et à la survie de toutes les créatures vivant sur notre planète.

Mais par leurs racines et leurs branches, les arbres agissent aussi comme des « antennes » : ils sont catalyseurs et transmetteurs des énergies telluriques, cosmiques, solaires et lunaires.

Tous les arbres sont solaires et cosmiques, terrestres et lunaires. Mais selon leurs caractéristiques et leurs modes de croissance, il existe quelques variantes entre eux :

Les arbres à croissance lente et à longue vie (comme le chêne par exemple) captent les forces solaires et cosmiques par l'intermédiaire des planètes lentes ou éloignées, Mars, Jupiter, Saturne.

Leur feuillage est reconnaissable grâce aux dentelures profondes (feuille d'érable ou de platane) de leurs feuilles ou à leur forme en fer de lance (feuille de hêtre, par exemple).

Ce genre de feuillage témoigne du caractère yang et rayonnant de ces arbres.

D'ailleurs ces arbres rayonnent les énergies cosmiques principalement par l'aura de leur partie aérienne : feuillage-sève et fruits.

Les arbres à croissance rapide et à vie plus courte (comme le peuplier, par exemple) captent les forces solaires et cosmiques par l'intermédiaire des planètes rapides ou proches, Lune, Vénus, Mercure.

Leur feuillage, en forme de gouttes et à nervures grasses, témoigne du caractère plutôt yin et magnétique de ces arbres. Ils exhalent les énergies cosmiques principalement par l'aura de leurs racines et l'écorce de leur tronc qui en est le prolongement.

Les bouleaux, les trembles, etc.

Les bouleaux ont un statut un peu particulier dans la société des arbres.

Ils appartiennent, en fait, aux deux types d'arbres précédemment mentionnés. Ils sont donc, en même temps, solaires et lunaires.

Par leurs feuilles en forme de gouttes, leur bois tendre et leur croissance assez rapide, ils appartiennent aux arbres de type lunaire.

De plus, appartenant à la grande famille des légumineuses, leurs racines, à l'instar des autres membres de cette famille végétale, concentrent l'azote de l'air pour le redistribuer au sol environnant.

Ces capacités en font un arbre aux fonctions « nourricières » étonnantes... pour La Nature environnante... et pour nous-mêmes, pour nous apprendre à magnétiser de l'invisible au visible les qualités et les éléments vitaux dont nous avons besoin !...

Par contre, si nous observons en détail ses feuilles, nous constaterons que le bouleau est aussi un arbre de type solaire : ses feuilles sont très dentelées, leur bordure est toute découpée en forme de petites lances et la feuille elle-même se termine par une petite pointe très nettement dessinée ! De plus, de nombreuses nervures, fines et en creux, sillonnent et cisèlent la surface des feuilles.

Par ailleurs, ces arbres libèrent des « auxines » : une hormone végétale qui agit sur les jeunes cellules des jeunes plantes, les rendant capables de croître en hauteur, en se dirigeant dans l'axe de la lumière solaire. Leur fréquentation nous aidera à nous orienter, nous aussi, vers la lumière !

Pour ce double potentiel, ces arbres sont d'ailleurs de bons « assistants » pour le jardinier biodynamiste ou écologique ; car un tas de compost élaboré à proximité immédiate de ces arbres sera nourri de toutes ces substances et potentiels précieux libérés par les bouleaux ou les trembles.

Les conifères, en particulier tous les «sapinages» ont la fonction spécifique de condenser et de rayonner les énergies solaires:

- par leur forme conique, archétype végétal des pyramides;
- par leurs aiguilles qui s'apparentent plus à des «rayons» qu'à des feuilles à proprement parler;
- par la concentration aromatique de leurs sèves et de leurs essences, très volatiles donc très éthériques;
- par la pérennité de leurs aiguilles qui apparente leur énergie à l'immuabilité de l'Esprit.

Les arbres à croissance lente et les conifères nous apprennent à rayonner les forces spirituelles afin qu'elles irradient notre quotidien et notre entourage.

Les arbres à croissance rapide nous apprennent à condenser les forces spirituelles afin de les incarner dans la matérialité de notre vie.

À un certain degré, tout le règne végétal remplit cette mission de condensation et de rayonnement des énergies de Vie. Sinon c'est le désert!

Mais s'il existe une hiérarchie dans le royaume de La Nature, les arbres en sont les plus grands magiciens!

En agriculture naturelle (biologique, organique, biodynamique[1]...), le compost de broussailles[2], élaboré à partir de feuillages et de branches d'arbres et d'arbustes divers est, de loin, le compost le plus harmonique et le plus bénéfique pour la terre qui le reçoit. Il n'est donc pas surprenant que cette méthode de compostage ait été pratiquée, depuis des temps anciens, par des princes-paysans, alchimistes de la terre, par exemple les Templiers[3] dans le Sud de la France.

D'où l'importance des haies, des bosquets ou bien la proximité de la forêt pour une agriculture naturelle et harmonique et pour une saine hygiène, physique et spirituelle pour l'être humain.

C'est une bénédiction de vivre, à un moment donné, dans l'intimité des arbres !

Ces divers dynamismes de croissance propres à divers types d'arbres et les formes particulières révélées par chacun ont inspiré les premiers bâtisseurs.

Les forêts et les sous-bois furent les premiers temples des hommes. Il n'est donc pas étonnant que, par la suite, ils essayèrent de reproduire, dans leurs propres constructions, les lignes architecturales qui sous-tendaient leurs temples naturels.

D'ailleurs les caractéristiques plutôt solaires ou plutôt lunaires de certains arbres se retrouvent, subtilement, dans l'agencement de deux grands types d'architecture sacrée : le « gothique » et le « roman ».

L'art gothique, avec ses rythmes ascendants et rayonnants, ses arcs de voûte élancés et audacieux a mis en relief l'aspect yang, masculin et transcendant des arbres de type solaire.

L'art roman, avec ses courbes fluides, ses larges assises et son aspect lisse a mis en relief l'aspect yin, féminin et plus terrestre des arbres de type lunaire.

Réciproquement, nous pouvons présumer que les forêts d'arbres à type plutôt solaire serviront, naturellement, d'espace pour des rituels d'invocation alors que les sous-bois ou les clairières de feuillus de type lunaire serviront mieux les rituels d'évocation*.

---

* L'invocation est une prière ou un appel à l'aspect transcendant de La Présence Divine. L'évocation est une proclamation et un service de l'aspect immanent de La Présence Divine.

L'arbre, rayon d'équilibre entre ciel et terre

Bien qu'enraciné, l'arbre est essentiellement dynamisme vers le haut, organisme de propulsion vers les «confins lumineux» du ciel et de l'univers... comme l'était, consciemment élaborée, la flèche des cathédrales médiévales.

Comme ces hauts lieux bâtis de mains d'homme, comme tous les hauts lieux de la terre, cols, collines et sommets de montagnes, l'arbre nous apprend «à vivre plus près du ciel» tout en ayant des assises très terrestres.

Il est dit qu'il existe un certain équilibre entre l'espace occupé, sous terre, par les racines d'un arbre et l'espace occupé, dans l'atmosphère, par ses branches!

Réalité tangible, puissante et magique qui démontre, effectivement, que... «ce qui est en bas est comme ce qui est en haut, et ce qui est en haut est comme ce qui est en bas, pour accomplir les miracles d'une seule chose». (Hermès Trismégiste) Autant nous aurons «raciné» (accepté) d'amour et de paix en nous-mêmes, autant nous pourrons en rayonner! Ni plus, ni moins! Autant nous aurons cultivé nos jardins intérieurs, autant nous fleurirons auprès de nos compagnons de route que nous embaumerons et exalterons par notre seule présence.

L'arbre, dans son essor, parle aussi le langage du feu. Comme le feu, il nous invite à dépasser ou à transmuer l'inertie de la matière, afin que notre présence au monde apporte vie, chaleur et lumière autour de nous!

La forêt, témoin et pédagogue de la solidarité terrestre et universelle

Sans la présence des forêts, vastes poumons de l'organisme terrestre, nous ne saurions vivre! Ici et là, partout sur terre, la vie de La Nature et de l'être humain témoigne de cette solidarité active des arbres.

Mais un arbre solitaire ne saurait, à lui seul, accomplir cette fonction d'harmonisateur respiratoire.

«C'est la forêt qui donne son sens à l'arbre, c'est elle qui le rend vigoureux», dit Martin Gray.

Oui, intrigant cette spontanéité impérative des arbres à se regrouper pour que s'éploie la forêt?

La forêt nous apprend la magie de la solidarité:

– où chacun a son espace, sa couleur et son identité;

– où chacun aide l'autre à grandir dans le juste respect de son rythme de croissance et de son intimité;

– où racines et destinées s'entrelacent pour que fleurisse le ciel sur notre terre en peine d'amour et de fraternité.

«Il faut planter un arbre au profit d'un autre âge!» La solidarité est spatiale mais aussi temporelle. Si nous racinons en nous les semences d'un nouvel âge de paix et que nous veillons à sa croissance avec le soleil de notre amour, irrésistiblement viendra le jour où l'arbre de vie déploiera ses ombrages et ses ondes sur la terre des vivants.

Peu importent le temps et la couleur du jour!

Mais, tout alentour, les enfants de la lumière y danseront... comme aujourd'hui encore, en certaines contrées du Nord, on danse autour de l'arbre de mai, aux sonnailles festives du printemps..., comme aujourd'hui encore, en de multiples pays, l'arbre de Noël, au vaste symbolisme, accueille parents et invités avec une forêt de lumières et de fééries...

Chemins forestiers, chemins de lumière

Pour son profit (coupes de bois ou chasse) ou bien pour son agrément, l'homme a fait des saillies dans la forêt.

Des chemins forestiers sont nés et parfois des sentiers que l'on devine à peine.

Les grands chemins qui traversent les forêts et qui sont régulièrement utilisés par des véhicules à moteur ne sont plus à proprement parler «forestiers». Car leur fonction spécifique (et donc leur énergie) est celle d'un chemin carrossable, autrement dit d'une route.

Par contre, les chemins ou les sentiers pédestres offrent une autre dimension énergétique. Car, bien souvent, les hommes qui les ont tracés coopéraient inconsciemment avec les anges de La Nature responsables de ces lieux: ils ont ainsi tracé des sentiers en suivant les courants d'énergies telluriques et cosmiques qui traversent la forêt!

Parfois... lorsque notre intimité avec la forêt se fait tendresse et transparence, on a la grâce de percevoir, comme un courant de brume luminescente, l'aura de ces influx d'énergies qui sillonnent les forêts.

La plupart du temps, si l'on est assez attentifs, on remarquera, à l'entrée d'un chemin forestier, certains détails naturels:

- des branches d'arbres qui forment une voûte ou bien une arche;

- deux arbres qui forment un étroit passage, comme les cadres végétaux ou les gardiens d'un invisible portique;

- ou bien un rocher, un arbre ou un buisson particulier qui attire le regard, etc.

Ces indices sont une invitation au recueillement.

Car ils sont des révélateurs discrets d'un lieu magique.

Souvent ces chemins magiques conduisent à un sanctuaire naturel:

- une source,

- une cascade,

– un arbre-maître (un arbre généralement isolé, vigoureux et puissant dont le rayonnement se propage sur un vaste terroir alentour).

Ce sanctuaire naturel peut être aussi une clairière.

Les clairières sont des lieux magiques de grande et haute intensité vibratoire.

Une clairière est une fenêtre ou une porte ouverte sur le ciel. Les énergies solaires et cosmiques s'y engouffrent et s'y concentrent avec une intensité particulière.

S'étendre face au ciel dans une clairière est une pratique très harmonisante.

Les fêtes, les rituels ou les rencontres de tout ordre qui ont lieu dans une clairière revêtent toujours un caractère sacré. On ne peut vivre n'importe quoi ou n'importe comment dans une clairière car elle est vraiment un lieu saint naturel où l'on peut s'abreuver aux énergies du ciel !

(Évidemment, une clairière est aussi un lieu privilégié de méditation et de recueillement.)

Tout arbre est pour l'homme, un ami et un protecteur.

Une pratique très simple peut nous aider à retrouver l'équilibre intérieur entre ciel et terre, en communiant aux énergies terrestres et cosmiques qui circulent à travers chaque arbre, grâce aux deux mouvements de la sève :

On s'adosse à l'arbre, la main gauche dans notre dos, la paume en contact avec le tronc de l'arbre.

On place la main droite sur le plexus solaire et l'on communie avec reconnaissance aux forces grandioses déversées à travers cet arbre.

Que les énergies du ciel et de la terre fusionnent en nous à travers cette communion, afin que, avec la même ampleur que ces frères végétaux, nous suscitions La Vie autour de nous !

Notes :

1. *Biodynamie :* méthode d'agriculture naturelle où l'on travaille avec les énergies qui créent et stimulent La Vie.

   Les découvertes des principes fondamentaux de l'agriculture biodynamique ont été révélées par Rudolf Steiner, philosophe spiritualiste et chercheur autrichien, et rassemblées dans un ouvrage intitulé : **Agriculture, fondements spirituels de la méthode biodynamique**, coll. Science de l'Esprit, Éditions Anthroposophiques Romandes.

2. *Compostage :* vitalisation du sol avec un « humus » (matière organique) élaboré à partir de fumiers ou de déchets végétaux décomposés ; avec un certain équilibre (ratio) entre les matières azotées (fraîches et humides) et carbonnées (ligneuses).

   (Cf. **Biodynamie et Compostage**, E. Pfeiffer et H. Koepf, Éditions Courrier du Livre.)

3. *Templiers :* chevaliers de l'Ordre du Temple, fondé en 1119 par Hugues de Payns. L'Ordre du Temple est un ordre temporel et spirituel dans la lignée de la grande tradition ésotérique.

4

Les paysages guérisseurs, les paysages sacrés

Nature pleine encor
de charmes et de mystère,
Temples où les Dieux anciens
attendaient le vrai Dieu,
Je viens dans le silence
et la paix de ce lieu,
Respirer les soupirs
et l'âme de la Terre.

FRÈRE GABRIEL MICHEL

Les hauts lieux vibratoires

Nous sommes habitués à la sédentarité. Mais il fut un temps où les peuples étaient surtout nomades.

Le terme de «Nomades» évoque parfois l'image (travestie) de peuplades primitives aux mœurs et aux coutumes étranges ou mystérieuses.

Les nomades dont nous parlons n'ont rien à voir avec cette caricature, généralement issue d'un complexe de supériorité ou de l'ignorance de l'homme «civilisé»...

Les vrais nomades, dont l'esprit est encore présent dans la mémoire secrète de notre âme, étaient des peuples sages et clairvoyants.

Leurs chemins de voyages et leurs itinéraires spirituels étaient spontanément et simultanément accordés aux courants telluriques et aux courants cosmiques.

Étant familiers de l'invisible autant que du visible, ils parcouraient la terre en suivant certains «chemins d'énergies» qu'ils *voyaient* aussi distinctement que nous pouvons voir une route ou un sentier.

Il est évident qu'ils ne voyaient pas ces chemins d'énergies avec leurs yeux physiques, mais avec le regard intérieur, le troisième œil dont le centre magnétique est situé au niveau du front entre les deux sourcils.

En certains lieux, ces courants d'énergie s'intensifiaient, se croisaient ou se fusionnaient de façon harmonique. Alors ils établissaient là un campement, pour quelque temps:

– pour guérir leurs malades (humains et animaux);

– pour «faire le plein» d'énergies neuves;

– et très souvent, pour participer aux fêtes cosmiques du moment (certains aspects dans les astres, par exemple).

Ensuite ils continuaient leurs pèlerinages vers d'autres lieux, sous d'autres cieux.

Et puis, à un moment donné, certains peuples, trouvant particulièrement bienfaisante l'énergie d'un certain lieu, s'y établirent plus longtemps... parfois pour le restant de leur vie.

De nomades, ils devenaient sédentaires. Cette pratique se répandit et le visage de la terre en fut changé.

Cependant certains peuples gardèrent, de façon innée et plus ou moins conscience, cette lointaine sagesse. Ils érigèrent leurs habitations et, plus souvent, des temples sur des lieux où l'unité vibratoire entre les courants cosmiques et telluriques était particulièrement magnétique et rayonnante... donc bénéfique!

Toute la tradition chinoise ainsi que la tradition du christianisme celtique (pour ne citer que ces deux exemples) sont profondément imprégnées de cette antique sagessse.

- Les histoires et les « sentiers de lutins », familiers à la tradition irlandaise, écossaise et bretonne, en sont un heureux vestige, dont l'esprit est resté vivace dans certaines âmes jusqu'à nos jours.

- Les cathédrales et les monastères érigés par les « compagnons bâtisseurs » à travers toute l'Europe en sont un autre exemple bien connu.

Ces « lieux saints » sont sacrés non seulement parce qu'ils ont été bâtis en hommage à la divinité, mais aussi parce qu'ils sont érigés sur des hauts lieux vibratoires, des lieux naturellement harmoniques dont les vibrations régénèrent et amplifient les facultés physiques, psychiques et spirituelles de tous ceux qui séjournent quelque temps dans ce contexte privilégié.

La terre entière est ainsi ponctuée de hauts lieux vibratoires consacrés par diverses civilisations à des époques variées.

Ces points, reliés entre eux par des courants subtils, constituent une géométrie et un réseau planétaires et sacrés qui permettent de maintenir l'unité entre les continents et les peuples, indépendamment des conflits ou des différences apparentes.

Des « sections » ou plus exactement certains « vecteurs » de cette géométrie planétaire sont connus par les itinéraires des pèlerinages traditionnels.

Ces hauts lieux sont aussi des portes ouvertes sur les influx cosmiques et telluriques, un peu comme des entonnoirs ou des aimants gigantesques.

Généralement, des constructions ont été élaborées dans leur environnement (pyramides d'Égypte, monastère du Mont Athos, lamasseries et monastères tibétains, temples incas dans les Andes, etc.).

Mais parfois il n'en est rien.

- Les plus hauts sommets de la terre et de chaque pays sont des hauts lieux vibratoires, à tous les sens du mot !

- Les mers, les océans et certains lacs (par exemple le lac Titicaca, en Amérique du Sud, le lac Baïkal, en Sibérie ou bien certains grands lacs du Nord du Québec) sont les compléments sacrés des grandes montagnes.

- Entre ces deux extrêmes, certains lieux, dont l'identité géophysique est moins évidente sont aussi des hauts lieux vibratoires parce qu'ils sont situés sur l'un ou l'autre des méridiens cosmiques qui relient le centre de notre Terre avec le Soleil ou bien un astre ou un autre de notre univers.

Certains de ces lieux sont connus. Mais d'autres le sont moins. Car l'échelle de la Terre demeure vaste pour nous.

Cependant, chaque fois que nous «rencontrons» un paysage qui nous émeut profondément, surtout s'il suscite en nous un désir intense d'harmonie, nous pouvons être assurés que nous nous trouvons sur le trajet d'un méridien cosmique... et, de plus, en un point précis qui convient très parfaitement au paysage sacré de notre âme.

Le «Pays des Merveilles» ou le paysage sacré personnel

Tout le monde connaît les récits extraordinaires d'*Alice au Pays des Merveilles* de Lewis Carroll. Et bien, il existe, pour chacun d'entre nous, certains paysages physiques qui peuvent nous ouvrir à un paysage fantastique et pourtant très réel: le paysage sacré personnel, un lieu naturel avec lequel notre organisme et notre âme sont en affinité.

Les énergies de ce lieu, spontanément bien-aimé, nous dispenseront subtilement, nourriture, repos, guérison et «enseignements». Ils nous accorderont la paix du cœur, la clarté de pensée et un regain de forces pour assumer de façon plus harmonieuse notre quotidien.

Les entités spirituelles qui animent ce lieu nous aideront à retrouver les sentiers intérieurs qui nous relient plus consciemment à La Nature, au Soleil et aux étoiles !

Les vacances d'été seraient véritablement « mises à profit » si l'on pouvait s'accorder quelque temps pour chercher ce « pays des merveilles ».

Ce lieu n'est pas nécessairement difficile à trouver. Il n'est pas nécessairement retiré, caché ou grandiose. Ce peut être un seul lieu ou bien plusieurs lieux.

Lorsque j'étais très jeune, j'habitais à Lyon, en France. Mes parents nous emmenaient souvent, mes sœurs et moi-même, dans un grand jardin où ils avaient l'autorisation de se rendre. Ce grand jardin privé était quelque peu abandonné. Il était situé sur une colline, en pleine ville, au bord du Rhône, et cependant je m'en souviens réellement comme d'un « pays de merveilles » qui a hanté de façon bienheureuse ma petite enfance.

Plus tard, il y eut d'autres lieux : un jardinet un peu sauvage au fond du grand jardin de mon grand-père, un sentier dans un sous-bois, un verger à moitié sauvage, un banc de pierre sous un cerisier au fond d'un clos, une lande de bruyères, un pin parasol, et puis une clairière à flanc de collines, au milieu d'un bois de sapins, etc.

Les enfants ont d'ailleurs l'art de « dénicher » des paysages sacrés qui leur conviennent et qui sont parfois bienfaisants pour toute la famille.

Il faudrait toujours garder cette ouverture spontanée de l'âme enfantine : c'est une grâce inestimable !

Lorsqu'un enfant vous dit : « Maman, papa, mamy, etc., j'aimerais retourner à tel endroit... » n'hésitez pas, allez-y ! Pour votre enfant et probablement pour vous-mêmes, c'est un « pays des merveilles » qui vous attend avec amour, à travers ce lieu... Avec amour, car les lieux sacrés, familiers à notre âme, sont des sanctuaires d'amour... des espaces bénis où tout concourt à notre bien-être.

C'est là un bienfait et une joie simple dont on aurait tort de se priver!

Ces lieux peuvent être fort divers: ce peut être simplement un bosquet, un arbre, une clairière, un sentier, une prairie, le sommet d'une colline, un ruisseau, le recoin d'un jardin, etc.

Lorsqu'on s'y rend régulièrement, on devient, consciemment ou inconsciemment, plus familiers avec les esprits de La Nature qui protègent et animent ce lieu. Parfois un silence vibre d'une façon particulière. Parfois une nuance dans le vent, dans le chant des oiseaux ou le murmure d'un ruisseau résonne très intensément dans notre âme. Parfois un arbre est comme éclairé de l'intérieur. Parfois l'herbe devient flamme, une fleur rayonne et embaume un peu plus qu'à l'ordinaire. Parfois... les opportunités et les grâces sont multiples... à la mesure de notre simplicité et de notre amour des royaumes naturels.

Ces contacts subtils sont harmonisants au plus haut point. Car, faisant partie de la voie transparente et cristalline du silence, ce qu'ils nous communiquent sont une expression, même infime, de la Vérité et de la Présence Universelle.

> ... Plus verte la feuille,
> plus vive la lumière!...
> Béni soit le jour
> où notre âme s'éveille
> à la splendeur de l'Éternelle Présence!...

Deux invitations nous sont offertes, au-delà du temps, par des êtres familiers de ces paysages sacrés ou paysages guérisseurs:

Pierre Étienne, un moine de la communauté œcuménique de Taizé, en France:

«Toutes les sentes des forêts, s'enfonçant dans les taillis, acheminent au Mystère.»

Suivons aussi, sans réserve, cette belle invitation qui nous vient du 12ᵉ siècle par ces vers attribués à Perceval :

«Allez, tout au long de cette forêt, vous distraire !
Vous verrez des herbes et des fleurs,
Vous entendrez des oiseaux chanter.
Par aventure, vous entendrez belles paroles
Dont vous vous trouverez mieux !»

ou bien, Guy de Larigaudie :

«La forêt m'entoure si belle qu'elle devient une prière. »

5

La puissance magique de la montagne

Montagne est synonyme de
solitude et solidarité, de
peur et de courage, d'effort
et de joie silencieuse.

MAX MELOU

Voici l'espace, voici l'air pur,
Voici le silence,
Le royaume des aurores intactes!

SAMIVEL

La montagne, séjour des dieux?

«Il assembla tous les dieux en leur plus noble demeure, celle qui, placée au centre de l'univers cosmique, contemple d'en haut la totalité de la création»...

Ces mots de Platon, dans **Critias**, illustrent une réalité qui a traversé les âges: la vénération de la montagne, considérée par les hommes comme le séjour des dieux.

Les cimes himalayennes en sont un bel exemple, car chaque sommet est dédié ou assimilé à une divinité.

Le plus haut sommet de la Terre, le mont Everest, «baptisé» ainsi par les Occidentaux, était auparavant dédié à «La reine-mère blanche comme neige» (*Chomo Lungma*). Toutes les traditions planétaires ont ainsi leurs montagnes sacrées.

Dans chaque pays, les hautes montagnes ont toujours été le sujet favori des conteurs. Dans l'aura de leurs cimes altières se sont élaborées des légendes et des mythes où l'effroi côtoie l'admiration, où les géants terrifiants peuvent céder la place aux plus merveilleux elfes, etc.

L'Occidental rationaliste d'aujourd'hui accueille avec bien-veillance ces contes... comme on accueille une agréable fiction ou un aimable divertissement!

Cependant, ces légendes et cette vénération millénaire de la montagne ont-elles pour objet de simples mythes?

Est-ce un simple besoin de dévotion ou une attitude supers-titieuse qui fit ériger des sanctuaires sur les chemins de mon-tagnes, qu'ils soient chemins de transhumance, de commerce ou de pèlerinages?

Les oratoires et les nombreuses chapelles qui jalonnent les sentiers et les itinéraires alpins ont leur équivalent dans les Himalayas où les «Stûpas» et les «Chortens» rappellent au voyageur que la montagne est un séjour des dieux.

À flanc de montagne et même en plaine, la dominante géométrique de l'architecture sacrée est la transcendance et la verticalité: depuis des temps immémoriaux, l'Homme, cons-cient dans les profondeurs de son âme, de la puissance transcen-dantale de la montagne, a tenté d'en retrouver l'esprit en érigeant des édifices qui, dans leur essor et leurs formes, lui ressemblent.

L'architecture sacrée est donc, en soi, une invocation de la Toute-Puissance céleste symbolisée par la montagne.

Sully Prudhomme, ce sage discret et ce poète inspiré de la fin du 19ᵉ siècle, avait bien su le reconnaître lorsqu'il évoquait l'identité sacrée des pyramides par ces mots:

> «... la clameur de toute une humanité
> saluant *La Voie ouverte au Ciel*
> par le triangle aigu des pyramides. »

- Les flèches des cathédrales occidentales sont l'œuvre de peuples plutôt yang, plus enclins à «voir» en La Divinité, Dieu-le-Père, Protecteur, Exécuteur* et Pourvoyeur.

- Les coupoles des chortens tibétains sont l'œuvre d'extrême-orientaux, plus familiers d'une approche plus intériorisée, plus yin, plus féminine de La Divinité.

- Un peu partout dans le monde, les nombreux édifices qui conjuguent, plus ou moins, ces deux tendances géométriques témoignent de l'orientation spirituelle des bâtisseurs sacrés.

L'appel de la montagne, la montagne de l'éternel

Maintes fois dans la Bible, il est question de «La montagne de l'éternel»!

«Tu fais du très-haut ta retraite» dit le Psaume 91.

La romancière Elizabeth Goudge ajoute:

«Il n'y a rien d'éphémère dans les montagnes. Quand on vit à l'ombre des montagnes, on se sent enraciné dans l'éternité.»

L'érosion est très lente en haute montagne.

Ainsi les glaces et les neiges «éternelles» contribuent-elles à faire des hautes cimes un symbole tangible de pérennité, de transparence et de lumière.

Ce sont ces qualités que l'on va «chercher» en haute montagne!

Ces mêmes qualités sont aussi celles du cristal de roche que l'on trouve, sous diverses formes, en montagne et qui semble

---

* Exécuteur: qui rend manifeste, qui accomplit.

une sublimation des glaces éternelles dans leur tentative de garder un reflet de la lumière céleste qui les pénètre.

Mais la magie du cristal et de la lumière d'en haut, nous la retrouvons aussi dans la transparence et la limpidité des lacs et des sources de haute montagne.

La montagne et la mer sont les antipodes sacrés de La Nature terrestre. «Tous les fleuves vont à la mer»... mais ils prennent leur source au sein d'une montagne!

«Tout vient d'en haut!» Tel est le message des fleuves dont les alluvions et les eaux irriguent et nourrissent la plaine.

Cependant, tout en étant génératrice des fleuves nourriciers, la haute montagne est, en soi, inhospitalière.

On peut s'y rendre mais nul ne peut y séjourner longtemps. Toutefois, elle fascine à un point tel que des hommes vivent dans son aura, à la limite extrême de conditions de vie humainement acceptables, dans les Himalayas ou dans les Andes par exemple.

La haute montagne est à la fois le séjour d'un grand dépouillement et le siège d'un grand magnétisme cosmique. Vivre en haute montagne est donc un défi et une grâce!

Les *vrais* montagnards sont des êtres de silence. Car vivre en haute montagne requiert une économie de gestes, de paroles et de souffle... toutes dimensions qui ouvrent nécessairement au silence intérieur et à la communion avec les dimensions sublimes de l'Être.

Sans y résider en permanence, de nombreux Occidentaux ont été, de générations en générations, attirés par la haute montagne.

L'escalade en haute montagne est devenue, à présent, un sport... avec tout l'aspect parfois... très clinquant que revêt «l'alpinisme moderne».

Dans les Alpes et même en des contrées moins fréquentées, les sommets «vierges» deviennent rares.

Est-ce simplement le goût de l'effort ou bien la gageure d'un défi personnel qui attire ainsi les hommes sur les hauts sommets de la terre?

Qu'est-ce qui motive des hommes, au-delà de l'orgueil ou du défi, à sacrifier des heures d'efforts et parfois de souffrances pour finalement aboutir sur une étroite surface de quelques mètres carrés et, le plus souvent, de quelques centimètres carrés?

Ne serait-ce pas plutôt (même si cet appel n'est pas conscient) la joie d'atteindre «l'En Haut Suprême» de la terre, justement ces quelques infimes centimètres carrés de matière qui nous séparent du ciel et de l'infini?

Car, «ultimement» (tel est bien le cas!) toute montagne est un triangle sacré terrestre qui ouvre sur un autre espace triangulaire, inversé, véritable dévidoir d'énergies cosmiques!

L'homme, à la jonction de ces deux triangles sacrés au sommet de la montagne, devient une véritable antenne cosmique, pour lui-même et pour la Terre.

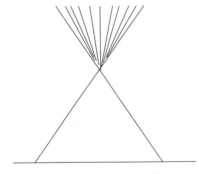

Ce schéma nous montre «à quel point» le sommet d'une montagne est un... point magnétique d'une extrême intensité.

C'est probablement la raison pour laquelle les guides de haute montange se rendent généralement «en solitaire» sur leurs cimes bien-aimées, à l'issue de la saison touristique.

Ils savent même inconsciemment, que «là-haut», ils pourront, dégagés des responsabilités de l'accompagnement, se *ressourcer* à leur tour, physiquement, psychiquement et spirituellement.

Pédagogie de la montagne

On ne peut résider sur les hauts sommets. Mais il y a aussi les pentes de la montagne, les pentes qui conduisent aux cimes.

Les flancs d'une montagne baignent dans l'aura du sommet vers lequel ils convergent.

En Orient et en Occident, de nombreux mystiques ont compris ou ressenti cette puissance magique de la montagne. Et de nombreux monastères se sont érigés sur les pentes des sommets sacrés.

Un séjour en montagne est un séjour de grâces, si l'on sait s'ajuster au tempo que requiert la montagne :

– calme,

– écoute,

– silence,

– transparence,

– simplicité,

– vigilance.

Car la haute montagne est aussi «synonyme de solidarité». Il faut s'entraider pour «monter». On ne s'aventure pas inconsciemment sans guide et sans coopération en haute montagne.

De même le développement spirituel ne peut être égoïste ou égotiste. La solidarité, au moins dans l'exercice spirituel (la prière et la méditation) est la seule façon de véritablement «s'élever» spirituellement. Le «premier de cordée» peut être, comme en montagne, un humain «initié». Mais il est, plus sûrement, à travers l'accompagnateur et à travers soi, le guide spirituel suprême, l'Omni-Présence Divine!

Vivre ou séjourner en montagne, c'est aussi vivre ou séjourner à mi-chemin entre les énergies du Ciel et de la Terre: un espace et une opportunité pour retrouver l'équilibre sacré entre en haut et ici-bas, entre l'esprit et la matière, entre l'accueil des énergies spirituelles et leur enracinement dans notre quotidien.

D'une façon ou d'une autre, la montagne exige toujours, à un moment donné, que l'on monte.

La marche ou l'escalade qui nous dirige vers le sommet ou le point de vue «convoité» nous indique le sens (et la seule justification) de l'effort: monter!... c'est-à-dire changer d'altitude, de point de vue... et de niveau de conscience!

«Alors s'éveille le sens de l'infini!» s'exclamait Lord Byron.

Monter, cela signifie:
– nous élever au-delà des différences: «Tout ce qui monte converge» disait en substance Theilhard de Chardin;
– nous élever au-delà des incompréhensions et des points de vue partials ou partiels, comme on s'élève au-delà des brouillards et des brumes;
– nous élever au-delà des difficultés et des erreurs comme on s'élève au-delà des miasmes de la pollution.

Toute ascension en montagne nous apprend à changer de point de vue:
– voir de haut plutôt que d'en bas, ou à gauche ou à droite;
– voir vaste plutôt que limité;
– voir loin plutôt que «à court terme», etc.

Si l'on apprend à monter à la cime de notre être, dans «la haute retraite» où siège le seigneur et maître de notre âme, nous apprendrons ainsi à considérer La Vie avec le regard du dieu intérieur. Nous apprendrons à voir d'un seul regard tous les aspects d'une question, la cause et toutes les conséquences.

Nous y puiserons aussi un regain de forces, même si ce « gain » a nécessité une modification dans notre manière de respirer, c'est-à-dire dans notre façon d'appréhender La Vie : comme en montagne, moins de pression atmosphérique, autrement dit un air plus éthéré (un mode de vie plus subtil) mais en contrepartie une augmentation sensible des globules rouges du sang, c'est-à-dire un regain d'énergie vitale, un afflux de forces neuves pour accomplir notre vie.

Ainsi le plus haut sommet de chaque continent, de chaque pays, de chaque contrée ou simplement de la petite région où l'on vit sera toujours, pour celui qui l'aura reconnue, « la montagne de l'éternel » !

Les chemins sacrés de montagne

Dans les pays de zones tempérées, toute montagne a généralement sa part de forêts qui constitue un espace protecteur aussi bien qu'un espace initiatique : dans ce sanctuaire naturel, l'homme qui veut atteindre le sommet (de la montagne et de son être) a l'opportunité de s'apprivoiser, corps et âme à l'énergie particulière de cette montagne.

Cependant qu'il soit élaboré par La Nature ou créé de main d'homme, tout sanctuaire requiert un certain recueillement. En ces lieux, le silence est maître de cérémonie et nous convie à un climat de dévotion attentive envers La Nature vivante !

Si nous savons trouver ce climat, nous pourrons, au seuil d'une telle forêt de montagne, reconnaître parmi nos frères les arbres, ceux qui ont pour mission de nous accueillir et dont la présence définit l'enceinte sacrée de la forêt.

Avant cela nous aurons traversé une zone plus floue, plus neutre, sans vibrations particulières, qui constituait une zone-tampon entre la zone sacrée et la zone ouverte (généralement des taillis ou des prairies).

Très souvent (et telle est mon expérience), cette fonction d'Accueil est exercée par deux arbres qui ont une fonction de vigiles et forment une porte ou un portique ; parfois leurs racines ont soulevé le sol et forment comme une marche très identifiable qui marque, très concrètement, ce seuil sacré.

Ces «vigiles» ont pour rôle d'avertir la montagne de notre arrivée et, en retour, de nous informer, subtilement, de la situation : «Ici est le seuil sacré de cette forêt de montagne !» Étant avertis, nous avons tout loisir de poursuivre le chemin... ou de faire demi-tour, selon notre état de conscience.

Un peu plus loin, nous rencontrons un arbre situé au milieu du chemin ou bien en évidence en bordure du sentier et légèrement incliné... à la manière d'un hôte qui salue notre arrivée. Cet arbre, souvent un conifère, nous obligera, presque malgré nous, à nous arrêter et, si nous savons *écouter* les voix de La Nature, nous saurons qu'il nous dit : «Oui, je suis l'hôte de ces lieux ! Soyez les bienvenus, frères bien-aimés. Regardez ce sentier qui vous invite à monter : il est comme le sentier de La Vie. Allez ! Soyez bénis !»

Quelques instants plus tard... quelques minutes... ou quelques heures... à la faveur d'un détour de sentier ou de l'arrivée dans une clairière, un Arbre-Maître arrête notre avancée et nous invite à une pause contemplative.

Cet arbre, un arbre de type solaire (un chêne, un hêtre, un érable ou un conifère majestueux et solitaire) est le protecteur des lieux : en lui se sont condensées, avec le temps, les énergies secrètes et la puissance vitale de la forêt et de la montagne.

Si nous lui accordons respect, attention et reconnaissance, il nous introduira dans la vie intime et spirituelle de ce sanctuaire naturel; sa lumière et sa guidance nous instruiront tout au long du parcours...

Lorsque nous redescendons, il est juste de remercier, au passage, tous les guides et hôtes naturels de ce lieu... simplement et profondément. Ainsi l'échange et la communion seront parfaits. Nous ne quitterons pas les lieux comme des profanateurs ou des voleurs. Car La Nature, si généreuse, a besoin de tout notre amour et de toute notre considération pour continuer, dans la grâce, son ministère de régénération!

6

La puissance magique de la mer

Iseut, voici la mer!
Du haut de son rocher où le
goéland seul ose et vient s'attarder,
au bout du vent
qui fait valser les grains de sable,
regarde, Iseut!
C'est elle, immense, intarissable!
C'est elle, avec l'ampleur
qu'ont les gestes de Dieu!

ROBERT CHOQUETTE

La mer et les eaux matricielles

Bien avant l'apparition de toute vie animale, la mer existait déjà!

La première cellule animale est née, dit-on, «dans le ventre de la mer primordiale».

L'âme qui s'incarne utilise, pour former le corps à travers lequel elle s'exprimera, une eau matricielle: le liquide amniotique.

Notre organisme lui-même, malgré son apparente cohésion, est un milieu aquatique dans lequel baignent véritablement nos cellules.

Environ 70% du poids de notre corps est constitué par l'élément liquide, sous diverses formes.

La Terre, l'Air et le Feu ont élaboré des formes plus denses et plus stables qui nous permettent de nous incarner et de nous exercer à la créativité dans un contexte de durée.

Mais l'Eau matricielle reste présente à travers et au-delà de la forme et de la densité.

Présente mais presque invisible.

Ainsi nous avons parfois tendance à l'oublier.

C'est alors qu'apparaissent certaines altérations dans notre organisme, directement générées par cette perte de contact avec la souplesse, la fluidité et la transparence qui caractérisent l'élément aqueux :

– durcissement des artères ou des tissus,

– cholestérol,

– œdèmes,

– rétention des liquides,

– troubles cardio-vasculaires,

– troubles menstruels, troubles rénaux,

– calculs, etc.

Tous ces inconvénients organiques surviennent lorsqu'on s'oppose, consciemment ou inconsciemment, au flot et aux flux de La Vie qui est comme la mer : mouvance et continuel renouvellement.

Le contact avec la mer nous aide à rétablir, en nous-mêmes, cet équilibre organique et rythmique des fluides vitaux et de La Vie qui coule et circule. Au contact de la mer, nous retrouvons le sens de la mouvance aquatique, porteuse de vie.

Comment aborder la mer?

On n'aborde pas la mer comme on prend un bain chez soi!

Car la mer est... «immense, intarissable... avec l'ampleur qu'ont les gestes de Dieu!»

Il est évident que la mer est un milieu dont l'immensité et l'amplitude rythmique apparaissent démesurées par rapport à notre propre rythmique aquatique.

Si l'élément Eau est très «intériorisé», au niveau de notre organisme, la mer, par contre, *est toute Eau!*

Il convient d'aborder la mer avec respect et vigilance. Il est préférable d'entrer, tout d'abord, en contact de re-connaissance avec elle:

- découvrir, écouter et humer le paysage marin;
- observer ses rythmes quotidiens selon les heures du jour, la direction et l'intensité du vent;
- apprendre à respirer «comme la mer» avant de s'y jeter parfois à... «corps perdu»...

Adapter notre respiration au flux et au reflux est un excellent exercice de relaxation, qui nous permet d'entrer dans l'eau détendus et harmonisés aux rythmes de la mer (cf. *La respiration marine, p. 94*). D'autre part, une bonne respiration évite l'essoufflement qui peut rendre la baignade moins bénéfique.

L'aube et la matinée sont les moments les plus appropriés pour obtenir le maximum de bienfaits d'un séjour au bord de la mer.

Tôt le matin, la mer est généralement calme.

Les vents de mer sont généralement doux au lever du jour, et le silence matinal nous permet de nous familiariser avec l'environnement marin.

Les premières heures du jour sont propices à un contact méditatif et contemplatif avec la mer.

Une marche méditative peut être tout aussi bénéfique qu'une «méditation face à la mer». Selon la température et notre état d'âme, on choisira l'une ou l'autre.

Si la température de l'eau s'y prête ou bien si elle est fraîche (et si l'on est habitués au contact avec l'eau froide), une courte baignade au Soleil levant devient un véritable baptême ou du moins un rituel, purificateur et très dynamisant.

La matinée est tout à fait propice aux bains de mer prolongés.

Car on bénéficie dans un même temps, des rythmes de la mer et des rythmes ascendants du Soleil et du jour: tout concourt à notre épanouissement.

Les après-midi marins, souvent plus «venteux» seront plus favorables à la marche pour les personnes habituées au vent, ou bien aux jeux de plage pour les enfants... de 7 à 77 ans...

Un bel après-midi peut être aussi l'occasion de découvrir l'arrière-pays marin qui recèle des richesses souvent méconnues.

Le bain de soleil est le complément naturel du bain de mer.

Cependant il importe de respecter certains influx d'énergies si l'on veut que le bain de soleil nous procure un réel bien-être et non un simple brunissement de l'épiderme!

- La première partie de la matinée (jusqu'à 10 heures environ) est le moment le plus adéquat pour prendre un bain de soleil bénéfique.

- On évitera de prendre des bains de soleil à partir de 11 heures du matin. Car l'angle d'incidence des rayons solaires (presque à la verticale par rapport au corps allongé) et la chaleur de plus en plus intense, sont alors cause de brûlures ou de desséchement de la peau. (Cf. *Conseils, p. 103.*)

Si l'on peut assister au lever de Soleil sur l'horizon marin, on aura à cœur de bénéficier de cet instant pour demander à la mer la purification, l'émergence et l'accomplissement de nos aspirations.

Si l'on peut assister au coucher du Soleil sur l'horizon marin, on aura tout loisir de confier à la mer la purification de nos désirs et la dissolution de tout ce qui nous apparaît inharmonique, dans notre vie.

Ces instants de communion intime avec le Soleil et la mer feront de notre séjour un temps de «recyclage spirituel» autant qu'un espace de vacances.

Si l'on réside en permanence au bord de la mer, ces bienfaits s'accroîtront si l'on sait vivre *avec la mer*... en remplaçant l'habitude ou l'indifférene par l'émerveillement quotidien !

Le bain de mer, une rythmique ré-harmonisante

Le bain de mer est, en premier lieu, purificateur.

L'Eau est, par nature, purificatrice.

L'eau marine, qui est salée, l'est encore plus !

Car l'action magnétique du sel se conjugue avec l'action magnétique de l'eau.

Ainsi l'eau marine peut absorber et dissoudre tout ce qui est, en nous, «de caractère dissoluble»... les cristallisations d'ordre psychique autant que les cristallisations d'ordre physique.

«Tout ce qui, dans ma vie, n'est pas divin,
est définitivement dissous par ce bain !»

Cette simple affirmation, prononcée avec ferveur, peut fort bien accompagner le rituel purificateur du bain de mer.

Car la mer qui est aussi la mère primordiale d'où naît La Vie, est toujours disposée à nous laver de toute souillure dès que nous lui reconnaissons cette qualité toute maternelle.

Le potentiel purificateur de l'eau de mer est, de plus, activé par la double rythmique du flux et du reflux.

- Le flux purifie, lave et libère.
- Le reflux emporte et dissout toutes nos impuretés.

Et ce double mouvement continue... inlassablement !

Le bain de mer nous accorde un massage gratuit des plus harmonisants.

Le flux, le reflux et la houle sont des mouvements naturels et répétitifs de la mer. Le bain de mer est un bain dans une eau rythmiquement mouvante.

L'action des vagues sur le corps constitue une massothérapie très naturelle. Car leur rythmique très régulière est un écho éternel du verbe divin qui, depuis l'aube des temps, est l'instrument et la voie de toute création harmonieuse.

Cette massothérapie marine a des effets multiples :

- Elle est une berceuse qui efface toute fatigue et toutes tensions et qui dédramatise notre sens souvent trop rigide de l'effort.
- Elle détend, équilibre et renforce la colonne vertébrale.
- Elle active les fonctions d'élimination de notre organisme.
- Elle réveille et stimule les fonctions d'élaboration de notre organisme (c'est l'élément aqueux qui est la matrice de toute forme de vie).
- Elle réveille et stimule les processus d'échanges et de transformations à l'intérieur de notre organisme (l'élément

aqueux est le milieu le plus propice à l'osmose qui est elle-même le processus-harmonique de toute transmutation).

- Elle réveille et stimule la capacité d'ouverture de nos cellules, en particulier celles de notre épiderme qui est la porte vivante entre notre organisme et le monde extérieur.

- Elle stimule toutes les zones réflexes de notre système nerveux et permet ainsi à l'énergie vitale de circuler plus harmonieusement à travers notre organisme.

- Enfin (selon un aspect très tangible du mimétisme sacré), elle ré-harmonise la rythmique de nos propres flux organiques :

  – flux sanguin,

  – flux menstruel,

  – flux rénal,

  – sécrétions hormonales, etc.

Car la mer, dont la rythmique est directement reliée aux cycles lunaires quotidiens permet à notre organisme de retrouver son lien alchimique, rythmique et harmonique avec la Lune... exactement comme un pianiste accorde sa musique aux battements du métronome.

- Notre organisme doit être un hymne vibrant à la gloire de l'Éternelle Présence.

- Le mouvement des vagues est un métronome sacré et l'esprit de la mer est un accordeur ou un harmonisateur cosmique.

Communier aux marées

Au contact des marées nous pouvons aussi nous harmoniser avec les pulsations et la respiration de la mer et à travers elle, avec la respiration de notre mère cosmique.

À la marée montante, espace-rythmique des forces d'expansion de l'eau, mère océane nous porte et nous élève, comme une

offrande, vers le Soleil et le Cosmos. C'est un processus similaire à celui de la présentation de l'Enfant-Jésus au temple :
mère océane, nous berçant dans ses bras maternels et son manteau d'écume, nous présente au ciel pour que le Christ cosmique nous investisse de sa Présence.

À *la marée descendante*, espace-rythmique des forces de
concentration de l'eau, mère océane nous ramène en nous-
mêmes, afin que nous puissions intégrer, dans toutes les dimensions de notre être, les joyaux cosmiques glanés à la marée montante.

Ainsi nous sentons affluer des énergies et des sentiments
divers selon l'heure et l'espace de communion avec la mer.

Communier aux rythmes des marées c'est prendre contact
avec la rythmique de l'horloge cosmique qui régente les cycles
de notre univers.

Note : Il n'est pas nécessaire d'être « dans » l'eau pour bénéficier
de cette communion avec les énergies des marées. Se
trouver à proximité de la mer et s'ouvrir corps, cœur et
âme à cette rythmique cosmique est le seul prérequis. Car
l'énergie des marées magnétise tout l'espace marin !

La marche solaire au bord de la mer

Marcher sur un rivage marin, c'est essentiellement marcher
dans le sable.

Le sable, essentiellement composé de silice (cristal de
quartz) est une « terre » très solaire.

Le sable est un puissant réflecteur des forces solaires. Marcher pieds nus dans le sable est donc un contact très harmonisant:

- par les massages qu'il effectue au niveau des zones réflexes du pied;
- et les «messages» solaires qu'il nous communique par l'intermédiaire des centres magnétiques que représentent ces zones réflexes.

Par ailleurs, marcher dans le sable mobilise tout le système musculaire des jambes. Or ce système qui nous permet de nous déplacer est aussi le «siège» de la volonté.

Marcher dans le sable est donc un renforcement de l'espace moteur de notre volonté.

La marche au bord de la mer est aussi un espace de communion avec les vents et l'air marins et toutes les énergies subtiles qu'ils apportent du grand large.

Les vents de mer nous offrent ce que seuls les marins de haute mer peuvent contacter: les énergies du grand large où se manifeste dans toute sa pureté la puissance cosmique de Mère Océane! Accueillir en soi le vent du large est une grâce inexprimable!

En rivages marins l'air est aussi vecteur des énergies solaires qui sont particulièrement actives en ces lieux. En terroir marin le Soleil règne bien sûr en maître incontesté. Non seulement aucun horizon ne restreint l'afflux de sa lumière mais de plus tout concourt à le servir.

Tout est prétexte à réfléchir sa lumière.

Tout y est jeux de miroirs et jeux de lumière, les miroirs cristallins du sable, les miroirs marins des vagues et des embruns.

La mer entière est elle-même un vaste miroir qui reflète à l'infini, l'immensité du ciel, le mouvement des nuages et celui des astres.

Notre regard est très activement sollicité par le paysage marin.

En mer ou bien au bord de la mer, le regard porte loin. L'horizon marin stimule notre perception visuelle. Il élargit notre champ de vision et nous apprend à tout considérer d'un regard vaste.

La contemplation du paysage marin nous apprend aussi que cet horizon, apparemment immuable, est en fait continuellement changeant... et qu'il en est ainsi dans notre vie :

- La capacité de mouvance, de changement et de renouvellement est la loi fondamentale et la rythmique essentielle de La Vie.

Accueillir la mer en soi, c'est accueillir La Vie, accueillir la danse de La Vie, accueillir la splendeur rythmique et libératrice... « des gestes de Dieu » !

Mais... affirme Pierre Étienne, moine de Taizé dans *La Mer présente*:

« C'est toujours la Mer devant nous
Même si nous sommes là,
Dans ce pays aux ruisseaux minces,
La Mer, à tout instant, nous vient
Par les vents de toute origine
...
Rose des vents, âme fragile,
C'est la Mer au-dedans de toi,
Lorsque se mélange ton souffle
Au chant des souffles marins !... »

7

Le climat,
et le yoga de la météorologie

Ne dis pas que les étoiles
sont mortes,
quand le ciel est brouillé.

Proverbe arabe

La météorologie est la science et l'étude des phénomènes atmosphériques, notamment dans l'objectif de prédire le temps.

Le yoga de la météorologie n'est pas une capacité spirituelle de prédire le temps mais plutôt une capacité d'accueil des conditions et des variations atmosphériques... même lorsque, apparemment, elles nous dérangent. Si l'on ne peut s'en accommoder extérieurement, au moins pouvons-nous faire un travail spirituel avec les énergies apportées par ce que nous nommons... les intempéries !

Les quatre éléments, la Terre, l'Eau, l'Air et le Feu sont nécessaires à l'équilibre de La Vie dans La Nature.

La terre, l'air sec et la chaleur donnent un désert.

L'eau, l'air sec et le froid donnent des glaciers (aux pôles ou en altitude).

Il faut une communion harmonique des quatre éléments pour que La Vie puisse se *manifester* sur terre. «Communion harmonique» signifie: présence alternante ou alternative de ces quatre influx cosmiques.

Dans les régions à climat tempéré, l'année est répartie assez également entre les quatre éléments, au cours des quatre saisons.

- L'élément Terre domine en Hiver.

- L'élément Eau domine au Printemps.

- L'élément Air domine en Été.

- L'élément Feu domine en Automne.

Les variations atmosphériques ne sont, ni plus ni moins, que le témoignage atmosphérique de ce travail alternatif des quatre éléments.

Elles témoignent aussi, de façon très tangible, de l'oscillation vibratoire qui caractérise les forces de La Vie.

Si nous aimons La Vie et tout ce qu'elle offre, il convient d'accepter les moyens qu'elle prend pour s'exprimer.

Le yoga de la météorologie est donc un ajustement de notre conscience aux influx cosmiques manifestés à travers les diverses conditions météorologiques.

Le contexte météorologique est une nourriture très valable et très gratifiante! Il est offert à tous et nous pouvons tous l'utiliser:

- comme sujet de bavardage (ce que nous faisons souvent);

- comme sujet d'insatisfaction ou prétexte à la mauvaise humeur;

- ou bien comme une bénédiction.

Comme leur nom l'indique, les variations atmosphériques sont des énergies «passagères».

Étant donné qu'elles sont « passagères », il ne sert à rien de maugréer lorsqu'elles nous déplaisent !

On aura donc intérêt à *aller dans le sens* de ces énergies au lieu de les subir inconsciemment.

On peut *vibrer avec* n'importe quel type de temps !

Car ces courants atmosphériques sont de subtils pèlerins cosmiques, porteurs, comme tous les pèlerins, de messages et de grâces.

Certaines énergies titanesques ne sont pas à notre mesure sur le plan strictement physique. (L'électricité des orages, la foudre, est mortelle, si elle nous atteint.) Par contre, nous pouvons, spirituellement, nous nourrir de leur puissance.

Cependant, d'une façon générale, les variations atmosphériques sont, jour après jour, sources de trésors inestimables !

En fait, si ces énergies sont bénéfiques pour le développement de La Nature qui nous environne, pourquoi n'en serait-il pas de même pour nous aussi qui sommes solidaires et tributaires du milieu naturel dans lequel nous évoluons ?

De plus, notre adhésion à ces fluctuations de La Force de Vie est un excellent moyen de nous exercer, corps et âme :

– à l'accueil,

– à la souplesse,

– à l'adaptabilité,

– et à la tolérance.

C'est là un aspect bénéfique du yoga de la météorologie, et non le moindre, puisque ces qualités sont des « vertus-passeports » pour entrer dans ce Nouvel Âge de la Terre ou Ère du Verseau dont l'idéographe suggère, entre autres éléments, qu'il faut savoir vivre avec le sens de la variation :

Les divers contextes météorologiques

Les contextes météorologiques sont variables et variés à l'infini.

- Une journée ensoleillée avec un grand vent n'offre pas la même énergie qu'une journée ensoleillée sans vent.
- Le givre, la neige et la glace manifestent des énergies nuancées de la cristallisation de l'eau.
- Les nuées sombres qui introduisent un orage sont très différentes de la brume éthérée qui flotte à flanc de montagne.
- La bruine et l'averse sont deux expressions rythmiques de l'eau, très différentes l'une de l'autre.
- L'air chaud et vibrant d'un «glorieux» jour d'été peut céder la place, le lendemain même, à une journée fraîche nonchalamment voyageuse de nuages ou de pluies... D'une journée à l'autre, la sensation n'est évidemment pas la même !...

Il serait fastidieux et illusoire d'essayer de définir, avec précision, ce que chaque type de temps apporte. Un double principe reste constant, avec toute une gamme de nuances possibles entre ses deux pôles :

- *Les temps «rayonnants»* (quand le Soleil et la clarté dominent) nous convient à l'action, à la joie et à l'échange car ils mobilisent, dans un sens d'extériorisation, La Force de Vie qui nous anime.

• *Les temps «magnétiques»* (quand la pluie ou la grisaille dominent) nous invitent à changer de polarité spirituelle et à canaliser à l'intérieur de nous-mêmes La Force de Vie.

Les jeunes enfants suivent spontanément ces courants. Durant l'été, ils seront continuellement occupés à jouer dehors, de façon énergique, lorsqu'il fait beau. Par contre lorsque le temps devient gris, ils vont spontanément rentrer à l'intérieur (à tous niveaux) et se tourner vers des activités plus calmes et plus intériorisées: jeux de société, dessin, coloriage, lecture, etc.

Mais en chacun de nous, l'Enfant Intérieur, qui est aussi le Météorologue Sacré, connaît toutes les ressources magiques des conditions atmosphériques. Et toujours, comme le chante Angelo Branduardi, il nous suggérera: «Va où le vent te mène*!»...

Quelques siècles auparavant, un autre chantre des forces de La Vie avait écrit un cantique sublime en hommage à cette magie alternante des grands éléments cosmiques.

Ce texte (que le lecteur retrouvera avec bonheur dans l'épilogue de ce livre) fait de ce Frère un incontestable yogi de la météorologie**!...

---

* *Va où le vent te mène*, par Angelo Branduardi. Distribution Arabella-Eurodisc, France, 1980.

** *Cantique à Messire Frère Soleil et aux Créatures*, Saint François d'Assise.

8

Des postures harmonisantes

Pour retrouver l'équilibre, il est indispensable de réapprendre une bonne façon de se reposer.

...

Il importe que nous retrouvions une disposition naturelle négligée, oubliée. Le pouvons-nous encore? Certainement oui, grâce à une application constante régulière.

JULIEN TONDRIAU et JOSEPH DEVONDEL

Nos postures sont influencées par le milieu et le travail à travers lequel nous évoluons.

- Les mauvaises postures de travail sont, hélas, bien connues et les nombreuses scolioses qu'elles suscitent en témoignent.

- Le stress accentue souvent la rigidité de nos attitudes, altérant notre capacité de repos et nous fermant aux courants de La Vie.

Nous pouvons remédier à cela, non seulement en exerçant une certaine vigilance sur nos attitudes physiques, mais aussi en prenant quelques minutes, chaque jour, pour nous réajuster aux courants de La Vie, à travers certaines postures harmonisantes.

Les disciplines orientales, dont le yoga, offrent de nombreuses postures de ré-harmonisation.

Nous évoquerons simplement quelques postures dont le principe harmonisant est axé (tel est bien le cas!)... sur la colonne vertébrale.

Nous sommes à une époque où il est nécessaire de comprendre que la colonne vertébrale est non seulement le pivot de notre organisme et le support de notre squelette mais aussi le support tangible et le canal de La Force de Vie ainsi que l'axe de distribution de cette énergie.

À partir de la colonne vertébrale, La Force de Vie est diffusée par l'intermédiaire des chakras (nom sanscrit qui signifie «roue») qui sont des centres subtils très pulsatiles, reliés avec les plexus nerveux et les glandes endocrines.

Ces chakras nous relient aussi avec des qualités cosmiques qui contribuent à notre développement spirituel. Les chakras sont plus ou moins «éveillés» et actifs chez l'être humain. Car ils ne peuvent se manifester que dans un climat de pureté et de subtilité.

Les maux de dos fréquents sont le symptôme de blocages de l'énergie de vie au niveau d'un certain chakra.

Ces postures harmonisantes, accompagnées d'affirmation de ré-harmonisation, contribueront à dissiper les niveaux physiques et psychiques du (ou des) blocage(s).

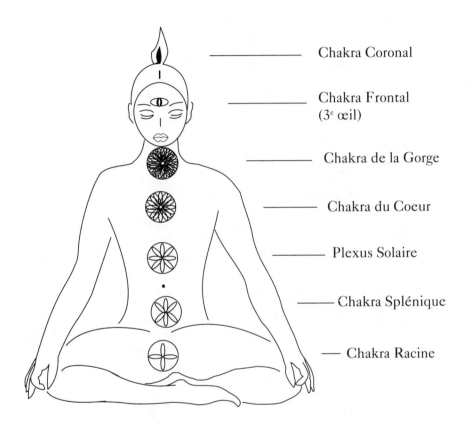

Chakra Coronal

Chakra Frontal
(3ᵉ œil)

Chakra de la Gorge

Chakra du Coeur

Plexus Solaire

Chakra Splénique

Chakra Racine

Le système pulsatile des chakras

Chakras	Niveau physique de blocage	Niveau psychique de blocage	Affirmation de ré-harmonisation
Chakra coronal	Partie supérieure du crâne	Sentiment d'impuissance Résistance au courant de La Vie	La Puissance Divine est la seule Force agissante dans mon être et ma vie!
Chakra frontal	Front Partie antérieure du crâne Yeux Sinus	Pensées confuses «Entêtement» Préjugés Manque de «vision» ou de discernement	Je me libère de tout préjugé et de toute illusion! Je laisse La Vie me guider de la façon la plus juste!
Chakra de la gorge	Vertèbres cervicales Cou Thyroïde	Émotions «avalées» Anxiété. Peur de se tromper. Manque de confiance en soi	Je n'ai plus peur: l'expression de ma vie est, maintenant, Juste, Libre et Harmonieuse!
Chakra du coeur	Haut du dos Poitrine Région du coeur Bras	Blocages affectifs Ressentiment Non-ouverture à l'Amour inconditionnel	Je suis en paix. Toutes mes relations sont harmonieuses. Je suis un instrument de l'Amour Universel!
Chakra Plexus solaire	Milieu du dos Estomac Foie Pancréas	Fatigue Colère Découragement Solitude	Je relâche et je me détends! Je laisse l'Esprit de La Vie diriger toutes les Voies de mon existence!
Chakra splénique	Vertèbres lombaires Intestins Reins Utérus Prostate	Trop de responsabilités dites «matérielles» Insécurité financière Sentiment d'inutilité Blocage de l'énergie de créativité	Je «laisse aller» ce que je ne peux assumer! Je sais que La Vie m'apportera toujours son support, de la façon la plus appropriée!
Chakra racine	Bas du dos Organes sexuels Nerf sciatique Jambes	Non-acceptation de son identité sexuelle Orientation déviée de l'énergie sexuelle Peur de l'avenir	Je m'accepte totalement! Ma sexualité est au service de mon âme et de La Vie! J'avance avec Joie et Courage vers le meilleur!

Pour retrouver la vraie mesure de la verticalité

- Se tenir le plus droit possible, les épaules et les bras complètement relâchés.
- Fermer les yeux. Respirer calmement.
- Imaginer que l'on est suspendu à quelques centimètres du sol par un « ballon flottant » fixé au sommet de notre crâne.
- Maintenir cette attitude quelques instants.

La colonne vertébrale se détend complètement. Cette posture est une opportunité :

- de prendre quelque distance avec l'ego qui croit pouvoir tout contrôler ;
- de prendre quelque distance avec l'aspect parfois contraignant de notre vie quotidienne ;
- de reprendre contact avec la dimension spirituelle transcendantale de notre vie.

La posture du Pentagramme

Le pentagramme est la forme terrestre et cosmique qui représente le mieux les mouvements de croissance et d'évolution de La Vie.

Notre corps, semblable à une fleur mouvante à cinq pétales libres, adopte aisément cette posture qui nous relie aux grands courants d'ouverture de La Nature.

Debout, la colonne vertébrale très droite :

– écarter légèrement les jambes ;

– et ouvrir largement les bras, en forme de V, les paumes des mains orientées vers le ciel.

Respirer lentement et profondément.

Cette posture opère en nous un mouvement d'ouverture au niveau du haut de notre corps qui est souvent le siège de blocages.

Ouvrir largement les bras est l'amorce de l'ouverture du chakra du cœur et de la gorge.

Ce geste accompagne spontanément le son «A» (Ah ! ou Ha !) dont la tonalité ouvre aussi le chakra du cœur et de la gorge, nous reliant à la Sagesse et l'Amour Universels :

«Ah !... Joie ! Tout est bien ! Tout est bon ! Tout est beau !»

Nos bras ouverts, les paumes des mains face au Ciel et au Soleil, transforment notre corps en réceptacle des influx solaires et cosmiques.

Nos jambes écartées et nos pieds bien à plat sur le sol nous permettent de capter les influx terrestres.

Ces deux mouvements se fusionnent au niveau de notre plexus solaire qui est le centre pulsatile de l'énergie solaire de La Vie, comme il l'est aussi au centre de la fleur et au centre du pentagramme et du cercle.

Selon le point cardinal auquel nous faisons face, cette posture nous relie aux énergies propres à ce pôle cosmique :

– Face au Nord, nous accordons notre existence aux énergies archétypes (idéales, modèles) de La Vie.

– Face à l'Est, nous nous accordons aux énergies de manifestation des influx solaires et cosmiques.

– Face au Sud, nous nous ajustons aux énergies d'accomplissement des influx solaires et cosmiques.

Cette posture est à éviter face à l'Ouest.

L'Ouest représente le couchant, l'espace de disparition de l'activité diurne et consciente.

En conséquence, l'Ouest ne « donne » pas, il emporte. On ne peut donc pas se « recharger » face à l'Ouest. Mais on peut se « décharger » de ce qui nous encombre ! En ce sens, l'Ouest est la porte du renouveau.

La posture du Lotus et la posture de l'Indien

La posture du Lotus est familière à l'Homme Jaune.

La posture de l'Indien est familière à l'Homme Rouge.

Ces deux postures nous sont offertes par des peuples conscients et familiers de la puissance du geste et de l'attitude.

Elles ont, en commun, plusieurs éléments :

- Physiquement, on est assis à même le sol ou bien sur une couverture, une natte ou un coussin.
- La colonne vertébrale devient un Arbre de Vie :
  - directement en contact avec la Terre par le chakra Racine, au niveau du coccyx ;
  - et en contact avec le Ciel par le chakra Coronal, au sommet de la tête.
- Entre les deux, la colonne vertébrale accomplit parfaitement sa fonction de canal entre les énergies du Ciel et de la Terre... dans les deux sens, descendant et ascendant.

Comme pour notre planète, les influx solaires et cosmiques arrivent par le Pôle Nord (le chakra Coronal), descendent jusqu'au Pôle Sud (le chakra Racine) d'où ils s'en retournent vers le cœur et le Soleil, suscitant l'éveil et la floraison de La Nature et de nos pouvoirs subtils sur leur passage.

Ces deux mouvements existent dans l'arbre à travers les deux mouvements de la sève:

- la sève ascendante ou la sève brute qui monte des racines vers les feuilles;

- et la sève descendante ou sève élaborée qui, à partir des feuilles, redescend vers les racines.

Dans l'être humain ces deux mouvements des influx solaires établissent un contact dynamique et harmonieux entre:

- les pulsions de l'énergie sexuelle;

- et les impulsions (ou influx) de la conscience spirituelle.

La fonction essentielle de l'énergie sexuelle est de s'abandonner ou de s'accorder aux influx ascendants de l'énergie solaire afin qu'ils puissent purifier, irriguer, vivifier ou simplement éveiller nos chakras et les qualités qui leur correspondent.

Les énergies de «prégnance» telles que la sensualité obsessive, la jalousie, la possessivité, l'égoïsme ou l'orgueil bloquent les influx solaires au niveau du chakra Racine.

Notre ego, sous une forme ou une autre, prend de l'ampleur chaque fois que nous tentons de «garder» ces énergies solaires dont la nature est de circuler et de bénir.

Cette posture de l'Indien ou du Lotus est donc une attitude très active de ré-harmonisation naturelle. Il n'est, cependant, pas nécessaire de nous asseoir «par terre» continuellement. Nos modes de vie et notre mobilier d'Occidentaux suggèrent d'autres attitudes de service qui ont autant de valeur que les modes de vie orientaux.

Par contre, cette posture est une attitude très «enlignante» pour supporter nos méditations et très bénéfique quand on s'asseoit, à terre, en pleine nature.

La méditation au Soleil levant, dans cette posture sacrée, est, dans sa passivité même, d'une grande bienfaisance!

9

La marche
et l'art du mouvement

À l'envers de nos pas,
à l'envers de nos danses,
Il tourne une planète
où nous avons chemins.

GILLES VIGNEAULT

Nous sommes des êtres de Mouvement, c'est-à-dire «libres de se mouvoir».

Ceci différencie le règne animal du règne végétal.

Mais nous ne savons pas toujours utiliser de façon harmonique cette capacité de mouvance.

La tradition nomade a fait du mouvement sa rythmique quotidienne. Obéissant consciemment ou intuitivement aux mouvements des astres, des vents et des saisons.

Les nomades ont toujours gardé le contact avec La Nature, les courants telluriques et les influx cosmiques.

La tradition sédentaire est civilisation de la fixité et de la stabilité.

Les seuls mouvements que nous suivons sont les rythmiques alternantes du jour et de la nuit. - Bien que certains de nos congénères aient oublié cette alternance elle-même ! - Nos mouvements ne sont plus reliés à ceux du vent, des astres et des saisons. Nos rythmes de vie sont personnels, souvent «anachroniques» et parfois capricieux. Bien qu'évoluant dans un contexte relativement étroit, nous avons remplacé les tranquilles cheminements nomades par une course effrénée contre le temps.

Nous n'avons pas à devenir ou redevenir nomades. Mais nous avons à retrouver le sens-harmonique du mouvement qui fera de toutes nos démarches quotidiennes un chemin d'évolution.

La marche et le pèlerinage

Au moyen-âge, les pèlerinages occupaient une grande place dans l'activité des êtres humains. On savait, par intuition, que le simple fait de «se mettre en route» vers un lieu saint était, en soi, une démarche tout aussi efficiente, pour l'accomplissement d'une requête, que le lieu saint lui-même.

Les récits des pèlerinages de Lanza del Vasto, évoqués dans *Le Pèlerinage aux Sources* ou *Le Nouveau Pèlerinage* sont très explicites de la magie transformatrice de cette démarche sacrée : Marcher !

Noé, dans le drame du même nom, écrit par Lanza del Vasto, proclame «Nous sommes tous passants et pèlerins». L'honorable pèlerin des *Récits d'un pèlerin russe* ajoute que «le piétinement charnel est un chemin sûr vers Dieu».

La marche prend tout son sens lorsque son but ultime est un pèlerinage :

– pèlerinage vers Soi,

– pèlerinage au cœur de Soi,

– pèlerinage au cœur du Silence,

– pèlerinage vers l'Harmonie, au fil des démarches, au fil des contours du Destin.

La marche est véritablement bénéfique lorsqu'elle est inspirée, motivée ! Non seulement par le goût d'un mieux-être physique, mais aussi par l'aspiration à parfaire nos cheminements quotidiens.

Ainsi « motivée », notre marche matinale peut devenir l'opportunité dynamique d'un pèlerinage pour une journée heureuse.

La marche et les chemins du Soleil

La marche est en soi une démarche pédagogique.

Marcher signifie « aller de l'avant », regarder devant soi, au loin, tout en acceptant, avec vigilance et bienveillance, la diversité ou les contours du chemin.

Marcher nous apprend donc à « aller de l'avant », dans toutes les situations de La Vie et de l'évolution. S'arrêter « d'avancer », si ce n'est provisoirement, pour reprendre souffle ou admirer le paysage, signifie se figer, se pétrifier sur le présent ou le passé.

Or, bien souvent, les personnes qui marchent, régulièrement et joyeusement, ne sont pas des êtres passéistes ou pessimistes, mais au contraire des individus entreprenants qui « avancent », sans peur et de façon dynamique.

Marcher régulièrement nous habitue aux intempéries et renforce notre capacité d'adaptation à la nouveauté ou aux changements que La Vie ne manque pas de nous offrir.

Marcher régulièrement nous permet d'approfondir le silence en nous-mêmes et d'apprécier le silence de La Nature et de l'aube (Une marche au lever du jour est très bienfaisante).

Marcher nous permet aussi de retrouver, à travers la respiration, un contact harmonique avec la respiration de La Terre, de La Nature et de L'Univers.

Marcher régulièrement nous permet de redécouvrir les cycles du Soleil et de La Nature, et de nous réhabituer à la rythmique, à la couleur et au chant de chaque saison.

La démarche, complément postural harmonique de la marche

Nous sommes habitués à « faire » toutes sortes de « démarches » pour amorcer, activer ou promouvoir « la bonne marche » de nos affaires, de nos relations et de notre vie en général.

Mais nous ne savons pas toujours *bien* marcher. Et nos démarches physiques (la manière dont nous marchons) ne sont pas toujours harmoniques.

Cependant, quelques éléments sont essentiels pour qu'une simple marche devienne, à tous égards, une démarche bienfaisante :

- se tenir le plus droit possible, la tête dégagée, les épaules et les bras relâchés afin de libérer la cage thoracique et d'activer l'oxygénation ;
- marcher les pieds bien parallèles : ce geste « enlignera » notre organisme et nos autres démarches (la conduite de

notre vie) dans une perspective équilibrée entre une approche rationnelle et une approche intuitive de La Vie.

Ce geste nous permet aussi d'avancer dans une vision «égale» de La Vie et une perspective à long terme : la route est claire et dégagée. On sait où l'on va ; notre intellect et notre cœur, notre énergie physique et notre force morale sont également engagés dans cette démarche.

- Les pieds «en dehors», qui vont de pair avec un balancement exagéré des épaules, exprime notre insatisfaction, notre indécision ou bien une certaine difficulté à trouver l'équilibre entre des aspects de notre vie qui nous apparaissent contradictoires.

- Les pieds «en dedans» expriment notre peur d'avancer dans La Vie, notre peur de La Vie, des autres, ou de nous-mêmes.

Apprendre à bien marcher, c'est apprendre à marcher sur les chemins sans entraves du Soleil et de l'Éternité !

La frugalité, l'eau froide et la marche

La frugalité, l'eau froide et la marche sont trois amies de l'énergie vitale. Car elles suscitent, toutes trois, un mouvement.

Or le mouvement est, sur terre, l'alpha et l'oméga de toute forme de vie :

- la naissance consacre un mouvement d'incarnation ;
- la mort consacre notre départ du plan physique.

La frugalité stimule notre organisme, non saturé, à rechercher dans l'aspect subtil de l'alimentation et dans l'atmosphère (air, éther, émanations) ce qui lui est nécessaire pour *bien* vivre.

L'ablution d'eau froide réactive la respiration et le mouvement de nos cellules et de notre sang. Ces mouvements sont une clé de la santé et de la longévité pour tout organisme.

La marche agit de la même façon que l'eau froide et la frugalité.

Elle confère à notre corps mouvement, équilibre, endurance et force.

Elle nous permet de rétablir une relation paisible et quotidienne avec l'air, la lumière, La Nature.

Pourquoi privilégier la marche à toute autre activité physique?

La marche est une activité naturelle de paix et d'équilibre. L'enfant apprend très jeune à marcher.

La marche équilibre, dans un seul mouvement:

– le squelette,

– le système musculaire,

– le système respiratoire,

– le système cardio-vasculaire,

– le système digestif,

– et le système nerveux.

Elle est, en soi, une activité régénératrice, bienfaisante pour l'ensemble de l'organisme.

Alors que toute autre activité physique intensive (l'exercice d'un sport, par exemple) requiert une certaine habileté ainsi qu'une certaine accoutumance avant de devenir véritablement bénéfique. Avant l'acquisition de cette maîtrise, les mouvements maladroits et parfois violents que nous effectuons (mauvaises coordinations, surcroît d'effort, etc.) ne peuvent générer l'équilibre et la détente dans notre organisme.

En ce sens, la marche est un « conditionnement physique » excellent comme préalable ou comme complément à toute autre activité physique.

Quelle que soit la forme de notre activité quotidienne, la marche constitue un espace-temps de ré-harmonisation :
- elle harmonise la vitalité et les gestes du travailleur manuel ;
- elle renforce l'organisme et la vitalité du travailleur intellectuel.

Pieds nus dans l'aube

Au cœur de l'été, lorsque La Nature est à son épanouissement, elle peut nous aider, de façon très énergique, dans la régénération de notre organisme.

Il s'agit d'un contact *direct* et *dynamique* avec les forces de La Nature Vivante, très puissante à l'aube.
- Par contact *direct*, nous entendons une immersion jusqu'à la taille dans La Nature sauvage, humide de rosée (idéalement nu si le contexte y est propice, sinon en short léger ou en costume de bain).
- Par contact *dynamique*, nous précisons que ce « bain de nature » n'est pas une immersion passive mais au contraire très active : la marche !

Immersion et marche feront de cette pratique un véritable bain de Jouvence, naturel et dynamique :
- Par le bienfait des énergies de l'aube.
- Par le contact avec les énergies régénératrices de la rosée fraîche du petit matin :
  - activation de la respiration cellulaire ;

- activation des «zones réflexes» des pieds (terminaisons nerveuses et énergétiques des divers organes de notre corps);

- drainage et activation de la circulation veineuse et artérielle des jambes et du ventre;

- activation des fonctions du système digestif et des reins;

- massage doux (de type «Esalen»).

Tout ceci est harmonieusement orchestré par notre rythmique respiratoire.

Il est à noter que la constipation ne résiste pas longtemps à ce «traitement» ni les maux de tête ou les jambes lourdes.

Cette marche «pieds nus dans l'aube» tend aussi à régulariser les fonctions ovariennes et les menstruations.

Ne dédaignons pas, non plus, de marcher dans la boue (en pleine nature) si l'occasion se présente. Cette pratique offre un excellent massage naturel des pieds et un drainage de surface (comme un masque d'argile). Elle tend aussi à renforcer les muscles et les articulations des pieds et des chevilles.

En marchant pieds nus dans le calme vibrant d'un sentier, d'un chemin de terre, d'une forêt, d'une prairie ou d'un champ, nous reprenons «contact», au sens le plus tactile du mot, avec les Forces Maternelles de la Terre.

Nos pieds, qui sont très sensibles, nous apprendront à reconnaître ce monde dont la substance est similaire à celle de notre corps; un monde sensible, modeleur et modelable, dont nous nous sommes souvent éloignés, trop préoccupés par ce qui se passait «plus haut», au niveau du mental.

Nous y redécouvrirons tout un univers d'écologie-harmonique:

- où la terre, de coulée douce, côtoie et tolère le caillou;

- où l'herbe humide et secrète abrite toute une petite faune et une flore multiple parfois oubliées ou bien méconnues.

Lorsque nous marchons pieds nus, nous avons tendance à regarder «où nous mettons les pieds». Ce geste spontané est finalement très bénéfique car il nous permet, *effectivement*, de *regarder* ce qui se passe «par terre»: presque automatiquement, nous éviterons de marcher sur les petits insectes qui l'habitent mais aussi sur les fleurs. C'est là un premier... pas sur le chemin des retrouvailles-harmoniques avec notre Mère la Terre!

Nos pieds eux-mêmes nous renseigneront autant que nos yeux. Ce double mode de connaissance, ou plutôt de reconnaissance, est en soi très harmonisant car il rétablit l'équilibre:

– entre le haut et le bas de notre organisme;

– entre le pôle mental et le pôle mobile de notre être;

– entre l'être d'abstractions que nous avons tendance à privilégier (même si l'objet de nos abstractions est d'ordre matérialiste) et l'être de contacts et de sensibilité qui est souvent muselé par le précédent.

L'auto-massage des pieds

Il convient de reconnaître l'identité, la fonction et la mission de nos pieds et de leur accorder, en conséquence, quelque attention et quelques soins, en gage de reconnaissance et de gratitude envers ces serviteurs fidèles de nos pèlerinages terrestres.

Nos pieds nous permettent d'actualiser nos désirs.

Pour concrétiser un désir, quel qu'il soit, il nous faut faire un mouvement, ne serait-ce que se déplacer pour téléphoner. Nos pieds sont le médium de ce mouvement.

Les êtres qui n'ont pas de pieds dans le plan physique, soit accidentellement, soit de naissance, ont cependant «des pieds» dans le plan éthérique.

Par contre les êtres qui «ne se déplacent pas eux-mêmes», d'une façon ou d'une autre, pour actualiser un désir sont des despotes ou des tyrans.

Nos pieds nous conduisent à l'échange.

C'est grâce à nos pieds que nous allons à la rencontre de nos frères et de La Nature.

Nos pieds sont le premier outil d'actualisation de notre mission terrestre.

Nous sommes venus sur terre avec une «mission» particulière à accomplir. Nos pieds nous supportent dans nos démarches d'accomplissement.

D'ailleurs notre volonté est généralement introduite par une affirmation telle que: «Je vais... faire ceci ou cela.»   En anglais, on utilise la même expression: *«I am going to»*... Le présent continu avec sa terminaison en *«ing»* a la même signification.

Ce sont nos pieds qui nous établissent sur terre, comme enfants et serviteurs de notre Père céleste et de notre Mère terrestre.

L'adage «Les pieds sur terre, la tête dans les étoiles» est détenteur d'une sagesse plus que millénaire!

Sous son apparente simplicité, il est la clé d'or de notre mission commune: être ou devenir des magiciens de la Beauté qui soient de purs canaux des énergies du Ciel et de la Terre.

Quand nous serons assez transparents à la Présence Divine (en aspirations et en pratiques), la Terre des vivants fleurira, réellement, sous nos pas! Telle est notre mission d'enfants de l'Amour et de la Lumière!

Nos pieds sont aussi la synthèse de notre paysage corporel et de notre histoire.

Les zones réflexes sur nos pieds et en-dessous de nos pieds sont le reflet et le miroir de notre organisme et de la façon dont nous abordons et acceptons La Vie.

Nous laisserons aux spécialistes de la réflexologie ou de l'acupuncture, le soin de faire l'inventaire de ces zones réflexes.

Sachons seulement que l'auto-massage des pieds est un geste simple qui requiert peu de temps, ne nécessite aucune technique spécifique mais dont les impacts sont plus puissants qu'on ne pourrait l'imaginer sur la ré-harmonisation totale de notre être.

Cette pratique est bienfaisante en tous temps, mais plus particulièrement le soir, juste avant d'aller dormir.

Asseyez-vous confortablement. Posez votre cheville gauche sur votre cuisse droite. Avec vos mains, touchez votre pied, en douceur et sans hâte, avec des attouchements ou de simples effleurements circulaires. Continuez ainsi quelques minutes (5 à 10 minutes sont suffisantes). Puis changez de pied.

Ne cherchez surtout pas à identifier les zones réflexes qui pourraient être douloureuses. Car cet auto-massage, pour être efficace, requiert l'absence totale du mental. L'idéal serait de le pratiquer lorsqu'on est déjà un peu somnolent, ou bien tout en priant ou méditant, ou encore en fredonnant ou en écoutant de la musique douce : l'essentiel est l'aspect détente de ce geste qui permettra à la Force de Vie de circuler plus librement et ainsi de ré-harmoniser notre être.

Le bain de pieds dans l'eau chaude est un préalable ou un complément bénéfique à l'auto-massage des pieds.

Note : Dormir dans une pièce surchauffée est malsain. Il est préférable que la température de la chambre ne dépasse pas 18°C.

Cependant, si l'on a froid aux pieds, ce qui nuirait à la qualité du sommeil, on peut pratiquer l'un de ces trois

« remèdes » éprouvés par de nombreuses générations et qui restent toujours valables :

– enfiler des bas de laine (plus grands que notre pointure normale afin qu'ils ne serrent pas les pieds) ;

– poser les pieds sur une bouillotte de cuivre que l'on aura remplie d'eau chaude et disposée au fond du lit ;

– poser les pieds sur une brique que l'on aura préalablement chauffée, enveloppée dans un papier épais et disposée également au fond du lit.

La laine, le cuivre et l'argile sont trois substances en affinité avec les énergies solaires. Leur contact apportera non seulement la chaleur physique requise mais des éléments subtils propices à la ré-harmonisation de l'organisme.

À proscrire : les couvertures électriques qui, par nature, n'apportent pas la détente requise – l'électricité étant une énergie dynamique et non d'inertie, telle que requiert le sommeil.

L'art du mouvement ou danser La Vie

Comment se *fait*-il que La Nature ait de tels potentiels de régénération ? Quel est son secret ?

Il est contenu dans l'Unité harmonique de cinq aspects de La Vie ou de l'organisation de la Matière :

– les formes et les textures,

– les mouvements et les directions,

– les sons et les vibrations,

– les couleurs et les variations lumineuses,

– les parfums et les essences.

Notez que nous employons le pluriel et non le singulier pour évoquer ces processus car la métamorphose qui est (nous l'avons vu, au début de cet ouvrage) *le* processus fondamental de la Manifestation, s'exprime par le multiple depuis l'essence des choses jusqu'aux détails de leur expression.

Dans La Nature qui nous environne, ces expressions tendent toujours à révéler la perfection, témoignant de l'Intelligence Créatrice que servent les devas ou anges constructeurs : création générée ou régénérée dans la Joie, l'Amour et une rythmique alliant la Grâce à la Sagesse !

Si nous, les êtres humains, parvenions à retrouver cette conscience harmonique et à danser notre vie plutôt que de la « subir » ou de la « gagner, de peine et de misère », nos pas et nos démarches (à tous points de vue) susciteraient continuellement l'émergence de la Beauté dans toutes les voies d'expression de notre vie et feraient de nos séjours sur Terre, une danse en hommage à la gloire de l'Éternelle Présence ! Une fois encore, ne voyons pas dans ces propos une simple évocation poétique mais un appel à faire de notre vie une *Oeuvre d'Art* !

Or, à l'image de La Nature et de l'Univers dont elle illustre les rythmes, la danse sacrée offre un espace et une opportunité efficaces de raffinement de nos démarches.

La danse sacrée, comme La Nature, nous introduit dans la communion... dynamique de ces cinq éléments :

- La Terre, à travers les variations de la forme dans les figures, les structures, les costumes et symboles utilisés pour la danse.

- L'Eau, à travers la mouvance, la souplesse, les directions et le magnétisme incantatoire des gestes de la danse.

- L'Air, à travers les sonorités, les lignes mélodiques des chants et/ou des musiques jouées, ainsi que dans les mouvements subtils de l'espace autour des danseurs.

- Le Feu,   à travers les diverses couleurs et qualités de
                 lumière des vêtements, du décor ou des lieux et
                 dans l'énergie spirituelle émanant de chaque
                 danse.

- L'Éther,   à travers les encens ou les essences florales qui
                 accompagnent souvent les rituels ainsi que dans
                 les vibrations qui relient les danseurs aux grands
                 mouvements du cosmos incorporés par telle ou
                 telle danse.

Diverses approches et divers langages rythmiques ont syn-
tonisé et intégré les énergies de ces cinq éléments qui nous
reconnectent à l'essence de La Vie sur terre.

Chaque civilisation, chaque grande culture et chaque peuple a, au cours des âges, « mis en formes » ses identités terrestres
et universelles, en l'actualisant dans le canevas rythmique de
danses rituelles pratiquées, soit quotidiennement, soit à certains
moments de l'année ou du cours de l'existence.

Ce que nous désignons, aujourd'hui, par « danses folkloriques » en sont des reliquats, souvent intéressants mais souvent désacralisés (en ce qui concerne les Occidentaux) car nous
avons perdu l'origine, le sens et l'essence de ces danses.

Mais, actuellement, nous assistons (et pouvons participer) à
une renaissance de cette dimension sacrée de la danse – le mot
anglais *«revival»* que l'on pourrait traduire par *«revivance»*, est
plus explicite.

Toutefois, prenez garde à une certaine confusion qui existe
dans le milieu des arts du mouvement; n'acceptez pas tout, sans
discernement, sous prétexte que l'on vous dit que tel ou tel
type ou atelier de « danse créative », « danse d'éveil » ou
« transe-en-danse », etc., va vous ouvrir le septième ciel ou le
cosmos! Là comme ailleurs, cet âge que l'on dit « nouveau »,
charrie, à travers l'eau pure du véritable renouveau, beaucoup
de scories et de miasmes du vieux monde. Et la plupart de ces
« danses créatives » sont, en fait, quand elles ne prennent pas

leur source dans l'essence de la danse traditionnelle (au sens large), des instruments (plus ou moins «thérapeutiques», donc plus ou moins efficaces) pour déconditionner ou «désengorger» le subconscient, servant d'émonctoire pour nos trop-pleins émotifs, nos chimères intellectuelles, nos stress et nos désordres physiques et physiologiques. À ce niveau-là, ces formes de danse ont une utilité mais sachons en reconnaître les limites : ce qui purge ne sert pas à nourrir. Le purgatoire n'est pas le Paradis !

Cependant, de grands instructeurs, conscients de cette perte de contact avec l'essence rythmique de notre univers, ont été inspirés pour aider l'Occidental à retrouver ce sens spirituel du mouvement.

Deux grandes lignées de cet Art du Mouvement, se sont développées et sont de plus en plus pratiquées aujourd'hui : l'Eurythmie et la Paneurythmie.

L'Eurythmie a été révélée par Rudolf Steiner : «Le Verbe a mis en branle l'Univers et s'est intériorisé dans l'Homme. »

(Le terme «eurythmie» vient du grec et est composé de deux parties : le préfixe *«eu»* qui est le phonème grec pour désigner ce qui est bien, heureux, ordonné, harmonieux, et *«rythmos»* signifiant rythme, évidemment.)

Le propre de l'eurythmie est donc de permettre à l'être humain de retrouver le bonheur de ce mouvement harmonieux de l'Impulsion Divine en lui, dans son âme, sa psyché, son corps et son environnement.

L'«eurythmiste» puise dans l'essence rythmique et modelante du Son (consonnes, voyelles, mots spécifiques, suites de sons, mélodies, etc.), les incorpore puis les exprime dans des attitudes et des gestes qui *révèlent*, véritablement, l'essence spirituelle du Verbe, *incarné* dans l'être humain en communion avec l'Univers.

L'eurythmie est enseignée dans les écoles «Waldorf» ou écoles «Rudolf Steiner» du monde entier. Elle fait partie intégrante du plan d'études quotidien de cette approche pédagogique holiste. Parallèlement, des sessions d'eurythmie sont souvent offertes aux adultes, familiers de cette pédagogie.

La Paneurythmie est du même ordre rythmique pédagogique mais elle nous réfère surtout aux grands courants des forces universelles qui régissent la conscience et La Vie de l'être humain. C'est ce que le terme «pan-eurythmie» révèle: le préfixe grec *«pan»*, signifiant «tout» ou «Le Tout», exprime bien cette connotation et cette dynamique essentielle de La Force Universelle, à l'œuvre dans la totalité de l'être humain et dans toutes les formes de La Vie manifestée.

La paneurythmie a été mise en forme et révélée par le maître bulgare Peter Deunov puis fut largement et «pratiquement» diffusée par le maître Omraam Mikhaël Aïvanhov. Elle est toujours pratiquée par les personnes qui suivent l'Enseignement de Vie de ce Grand Maître.

Le Taï-Chi vient de la Chine et est de plus en plus pratiqué par les Occidentaux, sous diverses formes, courte ou longue, plutôt yin ou plutôt yang.

Utilisant une gestuelle quelque peu différente de l'Eurythmie et de la Paneurythmie, le Taï-Chi rejoint cependant, en essence, ces deux arts du Mouvement.

S'il est *bien* vécu, c'est-à-dire vécu par l'Homme tripartite (âme/esprit, psyché (personnalité) et corps physique unifiés), le Taï-Chi aura la même fonction de *«re-connexion»* à l'essence rythmique de La Vie.

Attention! À cet égard, l'Occidental contemporain doit toujours veiller à ne pas intellectualiser ni trop conceptualiser les mouvements qu'il pratique. Car cette tendance à rationaliser tout ce qui lui est présenté l'a conduit à désacraliser et à banaliser ces mouvements avec, pour conséquence, la réduction de ces arts du geste et de la démarche en une sorte d'exercices de gymnastique alternative. C'est mieux que rien ! Mais on perd, cependant, tout le bénéfice de leur résonance et de leur puissance spirituelles.

Retrouver son cœur d'enfant (ou « l'Enfant Intérieur ») est toujours un prérequis à l'usage pur, vrai et utile de l'art du mouvement !

La danse sacrée, «classique», de l'Inde ou *Bharata-Natyam* (ou *Natya*), originaire plus précisément de l'Inde du Sud, a trouvé de plus en plus d'adeptes parmi les Occidentaux, depuis quelques décennies.

Cette rencontre n'est nullement fortuite ! Cela va de pair avec cet engouement pour l'Orient qui a pris de plus en plus d'ampleur en Occident. Le *Bharata-Natyam* a ses origines très ancrées dans l'essence de la tradition hindoue. Tradition révélée par les anciens textes sacrés rédigés en sanscrit. Tradition à la fois philosophique, théologique, cosmologique et artistique, cette approche des mystères de La Vie est d'un grand secours pour aider l'être humain à se situer et à se centrer dans cette grande configuration organique qu'est l'Univers et ses différents plans d'expression et de conscience.

La danse sacrée de l'Inde se fait révélatrice de ces interdépendances entre l'Homme, les planètes, les constellations et les dieux !

D'ailleurs, l'une des bases de cet art est l'unité harmonieuse des mouvements du corps, toujours autour et à partir d'un centre immuable : cette pratique, très exigeante, car elle est, en soi, un yoga du corps et de la conscience, révèle, par des mouvements très centrés, l'immuabilité de l'Esprit à travers la métamorphose continuelle des gestes et des cycles.

Les danses amérindiennes (du Nord et du Sud), comme toutes les danses dites « primitives » ont aussi une grande force à offrir.

Le terme de «primitif» comporte souvent une connotation péjorative lorsqu'on l'utilise pour qualifier un peuple ou une société.

Toutes les sociétés doivent évoluer: cela signifie que les peuples amérindiens ont à vivre une métamorphose, comme les autres sociétés.

Cependant leur tradition a gardé (nous l'avons évoqué plus longuement au début de cet ouvrage), vivant et vivace, un sens inné, sacré et profondément religieux (au sens étymologique) de l'Écologie Terrestre et Universelle.

Leurs danses, en ce sens, sont toujours sacrées, religieuses, «rituelliques». Une fois encore, si nous pouvons nous associer ou participer, avec un cœur ouvert, à de telles célébrations, nous ferons quelques pas bienfaisants dans une véritable démarche de guérison de La Terre et de tous ses enfants.

De plus, actuellement, deux formes de danse sacrée sont assez largement utilisées, comme de véritables instruments d'éducation et de célébration de la conscience planétaire et universelle:

– la Danse Soufi ou Danse de la Paix Universelle;

– la Danse Sacrée, développée à et par la Fondation Findhorn (en particulier par son initiatrice, Anna Barton).

Ce mouvement (L'Ordre Soufi) et cette communauté (La Fondation Findhorn) ont en commun cette grande préoccupation: aider l'être humain à trouver (ou à retrouver) une conscience de La Vie et une conscience planétaire plus juste, plus libre et plus unificatrice, au-delà des religions et des doctrines.

Ils ne présentent ni ne prétendent offrir un paradigme totalement nouveau; mais, tout en prenant appui sur une synthèse du Bien et du Beau offerts par les diverses cultures, passées et présentes, ils en proposent une réconciliation et une communion active, viable par et pour le monde d'aujourd'hui.

Dans les deux cas, la danse sacrée, parmi d'autres espaces de recherche, est proposée comme outil et médium de reconnaissance et de célébration de cette unité.

La forme et le langage, seulement, offrent quelques variantes :

- la danse soufi utilise souvent de la musique *live*, avec la coopération d'un coordonnateur qui anime et maintient le rythme (et l'esprit) de la danse avec un tambour. Généralement, ce sont les participants eux-mêmes qui chantent, tout en dansant ;

- les danses sacrées de la Fondation Findhorn utilisent des enregistrements de danses traditionnelles appartenant à l'héritage sacré et culturel des divers peuples de la Terre.

Mais, dans les deux cas, le but et les méthodes sont semblables et révèlent la Puissance Spirituelle inhérente à ces danses :

On danse en cercle :

Le cercle aide à développer la conscience de groupe : pas de hiérarchie, ni premier ni dernier, seulement des Frères qui se donnent la main pour s'entraider dans leurs démarches (au sens propre comme au sens figuré !). C'est là un bon exercice pour découvrir et mettre en pratique les vertus «synergiques» de l'Amour Inconditionnel qui unifie sans partisanerie, qui laisse couler le courant de l'Amour Universel sans chercher à se l'approprier et qui synthétise les potentiels créatifs de chacun, pour l'élaboration d'une force unique aux retombées bénéfiques multipliées, pour tous.

Le cercle aide aussi à retrouver, très tangiblement, le sens de l'unité cyclique des saisons, du zodiaque et des grands rythmes universels, la conscience de l'évolution continue et du recyclage universel.

Alternance de mouvements à droite et à gauche, etc.

La plupart de ces danses se pratiquent avec une alternance de mouvements à droite puis à gauche, en avant et en arrière, et ainsi de suite.

Cette double dynamique est très efficace :

– pour trouver l'équilibre entre les fonctions créatives de l'hémisphère droit et de l'hémisphère gauche du cerveau ;

– pour restaurer l'équilibre entre le Cœur et la Raison (ou Intellect), entre le sens du don et celui de l'acceptation et, plus globalement, pour harmoniser les émotions et les sentiments, les opinions et les pensées à partir du Centre (où l'on revient toujours) : celui de l'âme qui équilibre toutes nos tendances à dissocier et à aller vers les extrêmes.

Alternance de mouvements yin et yang :

En outre, ces danses offrent l'opportunité d'expérimenter :

– l'essence yang ou plutôt masculine du geste et de la démarche dans les mouvements plutôt raides, secs et anguleux ;

– l'essence yin ou plutôt féminine du geste et de la démarche dans les mouvements plutôt fluides, souples et circonvolutifs.

Ces expériences sont une première approche de l'être androgyne, modèle (futur !) de l'humanité.

De plus, cette dynamique du cercle et de l'alternance est d'un grand service pour trouver notre juste espace, sur terre, entre le Courant Involutif de notre âme (l'ancrage de l'énergie spirituelle dans la matière de notre corps et de notre contexte d'existence) et le Courant Évolutif (ou le raffinement de notre corps, de notre personnalité et de notre vie à partir des forces de l'âme).

Il y aurait encore beaucoup à dire sur les bienfaits de la danse sacrée.

Deux éléments sont essentiels à retenir:

- pour *bien* les vivre, comprendre que ces danses ne sont pas des symboles mais des incarnations ou des révélations de l'essence spirituelle de l'être humain et des forces universelles avec lesquelles il est en relation;

- cherchez la ou les forme(s) d'art du mouvement qui conviennent à votre nature et à votre sensibilité... et pratiquez-les!

Vous en découvrirez, vous-mêmes, l'extraordinaire bienfaisance!

«Vivre ou séjourner en montagne, c'est vivre à mi-chemin entre les énergies du Ciel et de la Terre : un espace pour retrouver l'équilibre sacré entre "en haut" et "ici-bas", entre l'Esprit et la Matière. »

(L'auteure et ses enfants dans les Alpes Françaises, 1975.)

«Au contact des marées, du flux et du reflux, nous pouvons nous harmoniser avec les Pulsations et la Respiration de la Mer et, à travers elle, avec la Respiration de notre Mère Universelle. »

(Vagues déferlantes, Océan Atlantique, Jupiter Island, Floride, U.S.A.)

QUATRIÈME PARTIE

L'Environnement guérisseur

La Vie ne se manifeste pas seulement au niveau des êtres dits animés.

Elle imprègne assurément toutes choses, des plus lointaines aux plus profondes.

Dr ANDRÉ PASSEBECQ

1

La santé par le geste
et l'acte conscients

*Craignez d'être sublime sans profondeur, grand
sans point d'appui, et parfait dans le vide.*

*Tâtez avec des actes la vérité que votre intelligence
a vue.*

LANZA DEL VASTO

La puissance du geste

Ces quelques mots de Lanza del Vasto ont la simplicité du
bon sens et de la sagesse.

Nous croyons souvent être actifs quand il s'agit simplement
d'agitation.

Nous croyons professer de multiples connaissances, alors
que nous passons simplement notre temps à jouer aux billes
avec des idées ou des recettes énoncées par l'inconscience ou la
présomption.

Nous croyons parfois avoir accompli un travail colossal, alors
que nous avons seulement brûlé, dans une activité intempes-
tive, une énergie précieuse. Avec plus de tempérance dans nos
gestes, nous aurions peut-être « abattu » moins de travail, mais
nous l'aurions peut-être mieux accompli?

Nos sociétés établissent une distinction très hiérarchique entre les travailleurs manuels et ceux qui exercent des professions où, d'une certaine façon, «on ne se salit pas les mains».

L'éboueur est-il moins nécessaire à la cité que l'avocat ou le maire?

Que savons-nous des plus simples choses et des simples gestes?...

... du geste généreux du laveur de vitres, qui offre un peu de clarté, un peu plus de soleil aux familiers des bureaux citadins?...

... du geste généreux du boulanger qui écourte sa nuit pour nourrir la cité?...

Que savons-nous de la lente poussée des arbres? ... et du geste noble et patient de «l'homme qui plantait des arbres» et qui, à partir de presque rien, simplement quelques faines ou quelques glands, fit reverdir et refleurir La Vie, dans une contrée qui semblait oubliée des dieux et perdue pour les hommes?

Oui, le geste est créateur. Car, par sa conscience, l'être humain peut faire, pour l'accomplissement du Royaume sur la Terre, ce que La Nature, seule, ne peut générer!

Quand nous comprendrons que, *dans nos mains*, repose, de façon très concrète, le pouvoir de la destruction et la puissance de la guérison, nous éviterons tout geste inutile ou banal.

Et nous réapprendrons, quelle que soit notre activité, le Geste Sacré des Artisans de La Vie.

L'artisan est un être médian, à la fois «près du peuple» dans lequel il est incarné, et «près du ciel» dont il exprime la Lumineuse Présence dans la Matière qu'il travaille.

Dans une œuvre artisanale, nous retrouvons à la fois la lettre et l'esprit, l'utile et l'agréable : l'agrément d'un objet usuel et le bonheur d'un rayonnement esthétique.

Car l'artisan opère dans un espace d'équilibre, véritable jonction entre le sacré et le profane, entre la «Nature-Naturante» et la «Nature-Naturée», unissant, pour la beauté d'une œuvre d'art, la densité informe de la Matière et le rayon sublime d'un archétype solaire.

Le geste de l'artisan est un exemple, dans le sens où il témoigne, de façon très tangible, de «La Main de Dieu» dans le geste humain.

Le geste est rituel et sacré

Le Geste est dans l'activité de l'Homme :

– ce que la mesure est à la musique ;

– ce que les saisons sont à La Nature ;

– ... une question de rythmes, de rites et de rituel.

La mesure rassemble et agence quelques sonorités entre elles, d'une façon telle que l'âme puisse y reconnaître un écho de l'Harmonie Universelle.

Les saisons exercent certains rythmes sur La Nature d'une façon telle qu'elle puisse offrir à l'être humain la beauté et la diversité de ses paysages autant que l'Air, l'Eau et le Pain.

Les récits des conteurs, les danses et les chants traditionnels font le rapport, sous toutes latitudes, de la magie des gestes humains, du plus sublime jusqu'aux plus quotidiens.

Oui, nos gestes sont magiques !

Notre corps étant à l'image du cosmos, nos gestes physiques déclenchent des forces dans les mondes subtils.

L'Attitude est constructive quand c'est La Conscience qui façonne nos gestes :

- Tout geste « posé » devient geste de sagesse quand c'est le clair rayon de la pensée qui en établit le rythme sacré.

- Tout geste patient devient geste d'amour quand c'est la douce voix du cœur qui en assure la retenue sacrée.

- Tout geste devient une expérience de la Vérité quand c'est le feu vibrant de la volonté qui en assume l'exercice sacré.

Cependant, que le geste reste sobre et simple, qu'il soit toujours un hommage à la Divinité et l'expression d'une reconnaissance... sinon il déviera l'énergie de vie qui aurait dû « couler » ou « s'infuser » à travers lui.

Nos gestes influencent notre santé et notre environnement

Nos attitudes et nos comportements ne sont pas seulement le reflet de notre niveau de conscience ou de nos états d'âme. Ils influencent aussi nos états d'âme et notre conscience.

Nos gestes diffusent nos vibrations dans le réseau d'énergies subtiles qui nous entourent (notre corps éthérique). Ils agissent de même sur tout le réseau d'énergies subtiles de notre environnement et « l'imprègnent » bénéfiquement ou défavorablement.

Par exemple, si je me suis mis en colère et que je persiste quelques instants dans mon attitude et mes gestes de colère, je « réussirai » probablement à susciter un sentiment de colère ou du moins d'irritation dans mon entourage.

De plus, mes gestes de colère, ayant altéré mon corps éthérique, auront alors tout loisir d'attiser encore et de nourrir

ce sentiment de colère au niveau de mon corps émotif...
L'escalade et le « boomerang » peuvent ainsi continuer jusqu'à
ce que la raison, l'humour... ou l'épuisement en arrête le processus.

La loi d'action-réaction agit dans les deux sens. Il devient
parfois difficile de sortir de ce climat de malaise si nous
n'essayons pas, avec le secours de l'âme... ou bien grâce aux
remarques de notre entourage, de changer le cours des choses.

Ce processus est particulièrement actif lors de l'adolescence.

À cette époque, l'âme qui cherche son identité et son mode
d'expression personnel, est souvent interpellée ou harcelée par
divers comportements, souvent extrémistes.

Là encore, la façon dont on réagit, « extérieurement », à ces
sollicitations, peut orienter, d'une façon ou d'une autre le caractère :

– un adolescent timide reste souvent un adulte timide ;

– un adolescent agressif reste souvent un adulte agressif, etc.

Il en est ainsi à tout âge de La Vie.

Tout geste « désobligeant » qu'on « laisse passer », surtout de
façon répétée, se reflète en retour sur notre état de conscience,
qu'il s'agisse d'une manie, d'un rictus ou de tout geste « com-
pensatoire » suscité par le stress ou un état dépressif.

Ces gestes de réaction à La Vie resteront les mêmes jusqu'à
ce que nous en prenions conscience et que nous ajustions notre
attitude en conséquence. Les disciplines de concentration et
de coordination du geste et de la respiration (la respiration
consciente est le premier et le plus accessible des gestes-
harmoniques) comme le yoga, le Taï-Chi et les autres arts marti-
aux, la danse sacrée, etc., peuvent être, à ce niveau, correctives
ou préventives.

Cependant, l'Essentiel restera toujours le développement et la culture de la conscience-harmonique* et du sens du Sacré qui, par nature, harmoniseront spontanément toutes les dimensions de notre être.

---

* Cf. par la même auteure : *Aquarius, un nouvel Art de Vie*, Éditions Télesma.

2

L'ordre ou le yoga de la matérialité

Nous sommes de la matière.
Et nous sommes dans la matière.
Et c'est ici, au plan matériel,
que nous devons vivre.
Au plan relatif.
Dans le quotidien...
Ici/maintenant passe nécessairement
par le quotidien.
Il n'y a pas de petits détails.
Il n'est pas possible de progresser
si on ne met pas d'ordre dans
le quotidien...

JACQUES LANGUIGRAND

L'ordre est Naturel

La Nature est rarement chaotique. Quand elle l'est, cela est généralement la signature d'une action de l'Homme, contraire à l'Ordre Naturel.

Rien n'est plus triste qu'un terrain vague aux frontières de la ville; «vague» parce qu'il est un lieu sans âme, qui n'est plus tout à fait la ville et qui n'est pas encore la campagne.

L'homme y passe parfois, négligemment mais sans intérêt et sans amour. La Nature n'y étant pas invitée, elle ne peut guère s'y installer harmonieusement.

Chaque fois que l'homme abandonne un lieu, c'est le désordre ou la désolation qui s'y installent.

«L'atmosphère» varie considérablement entre un site naturel et «sauvage» et une terre ou un domaine abandonnés.

Les paysages naturels sont toujours beaux, avec quelques éléments mis *naturellement* en relief, ici ou là, pour harmoniser la perspective : un arbre-maître au carrefour d'un chemin, un rocher, un bosquet d'arbres, un îlot de roseaux, une clairière, un ruisseau, etc.

Quoi qu'il en soit, l'agencement de la végétation et le déroulement des saisons nous démontrent que La Nature aime l'Ordre.

Car tous les processus d'émergence, d'épanouissement et de retrait de la végétation se passent de façon ordonnée.

La Nature ne tolère pas le vide, le gaspillage ou l'*inharmonie*. Chaque fois qu'un élément est devenu inutile :

– la Terre et l'Eau s'attachent à le dissoudre ;

– le Vent se charge de le disperser ;

– ou le Soleil de le faire fondre ou de le «brûler».

Ces processus de dissolution et de nettoyage sont toujours un «plus» pour La Nature qui se retrouve dotée d'une énergie toute fraîche, disponible pour d'autres travaux et un nouvel ordre de croissance.

Nous sommes, dans les profondeurs de notre âme, habitués à cette ordonnance rythmique et rigoureuse de La Nature. Le désagrément que nous ressentons lorsqu'une saison «tarde» un peu à se manifester, témoigne de ce sens de l'Ordre qui nous habite.

Le yoga de la matérialité est l'affaire de tous

Nous avons constaté que tous les éléments, dans La Nature, participaient à l'ordonnance et à l'entretien du paysage. Le Soleil et le Vent autant que la Terre et l'Eau.

Saurions-nous nous passer complètement d'une dynamique qui est le fondement de l'Harmonie?

Nous sommes polarisés dans la masculinité ou dans la féminité non point pour nous démarquer les uns des autres, mais pour retrouver le sens naturel du compagnonnage et de l'unité.

L'aspect revendicatif des «mouvements de libération de la femme» a vu le jour lorsque les femmes ont pris conscience de «l'apartheid» établi par l'homme à leur égard, et de l'incohérence entre une certaine «servilité» qui était exigée d'elles, à la maison ou au bureau, et certaines déclarations «d'amour» brûlantes qui leur étaient adressées «en dehors» des heures de labeur... exigeant une autre sorte de rétribution.

Par ailleurs, dans une même corporation ou dans une même administration, la distinction est souvent très marquée entre les chargés d'entretien et les cadres. Au point que cette différence est cristallisée non seulement par une quasi absence de communication mais aussi par certains sobriquets qui ont pour effet d'entériner cette distinction!

On parle des «cols bleus» ou des «cols blancs».

Les premiers étant, en général, au service de l'univers des seconds.

Les travaux de maintenance et d'entretien sont souvent considérés comme des emplois subalternes.

Cependant, contribuer à l'entretien physique de notre environnement est un moyen sûr, accessible à tous et nécessaire à tous pour apprendre à faire aussi «le ménage» dans les plans subtils de notre vie (pensées, émotions, conceptions, comportements, etc.).

La biographie des «Grands Hommes», qu'ils soient des religieux, de grands artistes ou des politiciens inspirés, rapporte, très souvent, que ces êtres avaient une partie de leurs lieux de travail à laquelle personne ne devait toucher. Cette volonté n'était pas seulement manifestée pour préserver le secret de leurs travaux; elle était, tout autant, un aspect tangible de leur sens de l'autodiscipline, qui contribuait à la clarté de leur action. (Les «carnets de bord» de Benjamin Franklin ou d'Abraham Lincoln sont saturés de conseils d'ordre, très précis et très concrets.)

Actuellement, il est souvent question de «retrouver le contact avec son corps». Un certain nombre d'approches psycho-corporelles bénéficient, en conséquence, d'un grand engouement. Tout cela est très sain.

Il est cependant curieux qu'on ne fasse pas l'éloge d'un moyen qui est à la portée de tous et qui, de plus, génère inévitablement l'Harmonie: «Faire le ménage!» (Il est certain que nous n'aurons pas tous, à ce niveau, le même degré d'implication, en temps et en énergie.)

Mais, étant donné que nous évoluons au sein de la Matière, nous ne pouvons pas évoluer en nous désolidarisant de ce qui est notre premier et notre indispensable «lieu» d'expérience: notre corps et notre environnement.

La clarté génère la clarté!

L'ordre génère l'ordre! Cette Loi de Causalité est l'expérience karmique qui nous est, même inconsciemment, la plus familière.

L'Ordre est l'ABC de La Vie Spirituelle, car il témoigne de notre sens de l'Harmonie Universelle et de notre amour de l'Ordre Divin.

Un jardinier peut-il prétendre aimer son jardin, s'il néglige les soins à donner à ses plantes?

Un musicien peut-il prétendre aimer la musique, s'il néglige d'entretenir son instrument?

L'amour de la beauté des choses et quelques minutes de... «manches retroussées» sont souvent plus efficaces que des heures de discours ou de méditation!

Prendre soin de son environnement physique quotidien, d'une manière ou d'une autre, et *aimer le faire!*... est, sans doute, aussi déterminant pour notre évolution spirituelle que le roc ou la pierre d'angle pour la bonne assise d'une maison.

Lettre à Cendrillon

Paradoxalement, il existe aussi, sur Terre, des êtres qui, depuis leur jeune âge, sont par habitude ou spontanément très familiers des travaux d'entretien et qui éprouvent quelque difficulté à «laisser aller» le «ménage» pour s'ouvrir à d'autres terrains d'expérience de l'Harmonie.

Il y a, évidemment, beaucoup de femmes parmi ces gens-là!

Pour ces personnes, voici le message d'un «Frère de Lumière»:

> «Cendrillon, mon amie, tu as passé des années de ta vie à travailler, des heures durant, comme "femme de ménage". Tu t'es parfois rebellée mais, généralement, tu l'as accepté et tu l'as fait de bon cœur. Souviens-toi de toutes les maisons que tu as entretenues, où tous ceux que tu recevais, se sentaient accueillis comme dans un palais!
>
> Oui, l'émergence de La Beauté par le *faire*, tu connais bien... jusque dans les travaux quotidiens les plus routiniers et les plus disgracieux aux yeux de bien d'autres.
>
> Tu as ainsi appris un visage réel de l'Amour, celui de la poussière et des travaux besogneux et humbles, ce visage dont l'humus de la terre est une autre nuance et un autre espace de silence qui suscite bien des floraisons. Tu le sais!
>
> Oui, le *faire*, tu connais! Cela t'est maintenant aussi familier que de respirer!
>
> Tu sauras toujours *"faire"*...

Tu aimeras toujours *"faire"*... Parce que tu as compris que la matière et l'ordre de la vie quotidienne sont aussi nécessaires que la rosée du matin et le Soleil de midi pour que germent et grandissent, en nous, comme dans La Nature, la Réalité de l'Esprit.

Alors laisse un peu le *faire*! Laisse un peu *faire*... les autres! Oui, d'autres qui ne connaissent pas encore ce Visage de l'Esprit seront heureux de s'exercer à ce labeur.

Accepte "d'être", surtout! De rayonner la Beauté, *de toi-même*, comme tu sais la faire resplendir à travers les choses.

Pendant des années, tu as frotté avec amour le verre de la lampe. Maintenant allume la lampe et réjouis-toi tranquillement de la lumière. Car c'est elle que tu cherches! C'est elle que tu as toujours cherché dans le poli des meubles et la clarté des miroirs. Et tu l'as tellement voulue et tant invoquée qu'elle est entrée en toi, La Lumière...

Oui, je sais, Cendrillon, tu pleures encore parce que bien des gens autour de toi n'ont pas encore compris cela. Et tu voudrais leur dire et leur conter par le menu... Mais abstiens-toi de trop parler! Car tu ne sais pas à quelle étape de son chemin de vie est rendu ton frère ou ton amie.

Pour certains, "l'entraînement spirituel", comme vous dites, prend le visage de la méditation parce que leur nature est plutôt matérialiste. Pour toi, "l'entraînement spirituel" aura pris le visage de l'entretien du ménage parce que ta nature est plutôt idéaliste. Mais pour chacun, le but est le même: réconcilier en soi et dans sa vie, Le Ciel et La Terre! Sois heureuse! Car Marthe et Marie habitent toutes deux dans ton cœur et ta vie. Et l'art de tenir maison, tu en connais, à présent, la lettre et L'Esprit. Réjouis-toi, Cendrillon, ma Princesse!»

3

Des couleurs pour harmoniser l'existence

Chaque couleur correspondant à des vibrations bien spécifiques, possède des propriétés tout aussi spécifiques...

Quand les hommes seront capables d'un amour suffisamment désintéressé, pour demander que tous leurs frères sur la terre soient dans la joie, dans l'abondance et dans la paix, une telle lumière se manifestera en eux qu'on verra des gerbes de couleurs, des arcs-en-ciel jaillir des profondeurs de leurs âmes.

OMRAAM MIKHAËL AÏVANHOV

La Lumière, Source de vie et de perfection

La Lumière et l'Eau sont apparentées, en ce sens qu'elles sont toutes deux Sources de Vie.

L'Eau est la source de La Vie matérielle. Car elle capte les énergies et les éléments nécessaires à la croissance de toute forme de vie.

Les déserts sont stériles parce que l'eau y est absente.

Le Soleil aussi est une source.

Il est la source de La Vie subtile qui permet la manifestation des formes et qui infuse, dans la Matière, les éléments du cosmos nécessaires au jaillissement et à l'épanouissement des formes.

L'Eau est transparente alors que la Lumière du Soleil est blanche. D'un côté comme de l'autre, il s'agit de la même pureté des forces originelles.

Mais la Lumière du Soleil est non seulement l'énergie de vie, primordiale et pure.

Elle est aussi l'alpha et l'oméga de la perfection et de l'harmonie.

En effet, lorsqu'on regarde la Lumière du Soleil à travers un prisme, on perçoit *sept* rayons colorés, allant du rouge au violet, en passant par l'orangé, le jaune, le vert, le bleu et l'indigo.

La somme ou l'équation numérologique de ce processus indique cette même tendance à la perfection, générée par les énergies du Soleil.

En voici la représentation schématique :

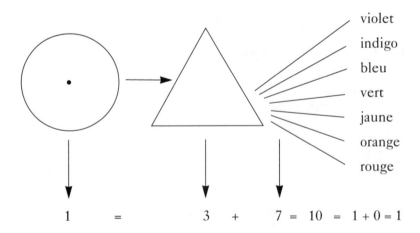

violet
indigo
bleu
vert
jaune
orange
rouge

$$1 \quad = \quad 3 \quad + \quad 7 = 10 = 1 + 0 = 1$$

Les couleurs les plus pures sont donc celles émises par le prisme.

En conséquence, un prisme est un objet sacré dont toute personne devrait disposer, soit en mobile devant une fenêtre à l'Est ou au Sud, soit en pendantif ou en sautoir. Car les couleurs qu'il engendre nous rapprochent de l'harmonie du Grand Soleil* et nous aident à devenir plus familiers de ces radiances sacrées.

Comment les couleurs nous influencent

Toute matière ou toute forme reçoit la lumière solaire. Tout objet est donc «impressionné» (au sens littéral) par la Lumière du Soleil.

Parmi les sept rayons colorés, certains sont absorbés par l'objet et transformés en énergie spécifique.

D'autres sont réfléchis et diffusés. Ce sont ces derniers que l'œil perçoit.

Lorsque tous les rayons ont été absorbés, l'objet nous apparaît noir.

Lorsque tous les rayons sont réfléchis, l'objet nous apparaît blanc.

Entre ces deux extrêmes, nous sommes, nous aussi, «impressionnés» et influencés par les vibrations et les qualités qui correspondent aux couleurs perçues.

- Ce processus est parfois conscient: selon la nature de certaines couleurs, nous ressentons une «impression» de bien-être ou de malaise.

---

* Le terme "Grand Soleil" évoque la conscience Divine, centre et essence de toute forme de vie sur terre.

- Ce processus est parfois recherché : c'est la chromo-thérapie.

- Mais, le plus souvent, il est vécu inconsciemment.

Pour cette raison, les considérations suivantes peuvent revêtir une certaine importance dans toute démarche naturelle de ré-harmonisation.

Car nos yeux absorbent continuellement la Lumière et ses nuances colorées.

On peut donc bénéficier de l'effet naturellement thérapeutique de la Lumière :

- en fréquentant La Nature, bien sûr ;

- mais aussi en agençant adéquatement les couleurs de nos appartements et de nos jardins ;

- le port de vêtements de couleurs revêt aussi une certaine importance. Car notre peau, autant que nos yeux, absorbe l'énergie colorée du vêtement que nous portons. Notre peau est, en quelque sorte, la frontière ou la lisière entre notre corps physique et notre corps éthérique.

Ainsi, les couleurs influent sur notre organisme par la peau, et sur notre vitalité par le corps éthérique.

Le chevalier qui « portait », au combat, « les couleurs de sa dame » était ainsi stimulé pour gagner ; non seulement parce que ces couleurs représentaient l'honneur de celle qu'il vénérait, mais parce que leur contact lui transmettait l'énergie particulière et les vibrations de sa dame.

Il en est de même dans les « tournois » modernes (qu'ils soient d'ordre sportif, culturel, ou politique...) : chaque parti ou chaque équipe « se bat » pour défendre l'idéal, la notoriété ou les privilèges que représente la couleur de son « clan » !

Le faste déployé pour les défilés de majorettes revêtues des couleurs du parti, lors des campagnes électorales aux U.S.A., n'est pas une simple coutume mais un véritable « condition-nement électoral » !

L'arc-en-ciel, les teintes «pastel», l'or et le blanc

Le Blanc. Le Blanc réfléchit, de façon «invisible», les sept rayons colorés de la Lumière Solaire. Il est à la matière dense, ce que la transparence est à l'Eau: l'expression et le symbole de la pureté, de la perfection et du don de soi.

Le Blanc, ayant un caractère «neutre», exalte tout ce qui le côtoie!

Le port de vêtements blancs représente souvent un idéal de service ou l'aspiration à la perfection divine.

Cet aspect est la signification du port de vêtements blancs, privilégié par certains groupes spirituels ou religieux, ou bien dans certaines formes de «service», civil ou religieux ou encore, à l'occasion de certains rituels religieux, comme le mariage, par exemple.

Dans les pays chauds, le port de vêtements blancs protège de l'intensité du Soleil, puisqu'il réfléchit tous ses rayons.

Mais le port de vêtements blancs sert aussi à nous rendre «transparents» aux autres qui perçoivent les qualités et les émanations qui nous sont personnelles et que le Blanc met en valeur.

L'Or est aussi une couleur solaire, très naturelle puisqu'on la trouve, naturellement, dans le métal précieux du même nom.

L'Or est symbole et signe de richesse, non seulement par la valeur «marchande» qu'il représente mais par les hautes fréquences vibratoires que diffuse son rayonnement.

C'est ainsi qu'il est associé aux lieux sacrés, aux palais impériaux et aux cérémonies princières, parce qu'il représente et invoque la présence du Sublime sur la Terre.

L'arc-en-ciel et les teintes «pastel»

L'arc-en-ciel diffuse la lumière du Soleil à travers les gouttes de pluie ou de brume qui font office de prismes.

Comme ce processus a lieu durant le jour, les couleurs des rayons solaires sont «éclairées», c'est-à-dire tempérées et adoucies par la lumière du jour.

Elles nous parviennent donc dans des teintes plus pâles ou «pastel».

En fait, les couleurs «pastel» sont un mélange harmonieux entre les couleurs du prisme et le Blanc. Comme le Blanc et l'Or, elles rayonnent selon des hautes fréquences vibratoires.

Les pures couleurs émises par le Prisme, ainsi que leurs nuances irisées, sont offertes et visibles dans La Nature, en particulier dans les fleurs et lors des levers ou des couchers de Soleil, etc.

Un artiste-peintre «réellement inspiré» peut arriver à en exprimer quelques nuances dans ses œuvres*.

Mais, en général, les couleurs du prisme sont difficiles à «reproduire» de façon exacte.

Pour cette raison, les couleurs très vives (à plus forte raison les couleurs «crues») sont difficiles à porter longtemps, en vêtements, ou à supporter dans la décoration de nos maisons. Car n'étant pas totalement pures, elles ne génèrent pas une énergie totalement claire et bénéfique.

Les teintes «pastel» qui bénéficient de la présence lumineuse du Blanc, nous aident, plus en douceur, et plus efficacement, à découvrir et à aimer la «fréquentation» des Forces de Lumière.

Il est à noter que les teintes ternes ou «plombées» n'appartiennent pas aux vibrations solaires. Le Beige, souvent utilisé par certaines générations, est significatif d'un certain mépris de la Matière ou d'une relation qui n'est pas totalement «claire» avec la Matière: on vit dans la Matière, mais, à cause d'un idéal «spirituel» qui prône les vertus du détachement, on a peur

---

* Cf. *Visionary Publishing:* Peintures de Gilbert Williams.

«d'aimer la matière» et de l'exprimer par la couleur; alors on occulte la radiance de la matière par une mixture colorée beige.

Le Beige, qui est un gris jaunâtre, ou autrement dit un jaune éteint, est très représentatif de cette «occultation» de la lumière des choses.

La couleur «beige» dont on qualifie parfois la laine naturelle n'est pas, en fait, du beige à proprement parler, mais l'une des multiples couleurs de La Nature que l'on ne peut reproduire sans les travestir, les altérer ou les affadir.

Par ailleurs, si l'on veut souligner ou représenter les diverses couleurs des bois, il faudrait utiliser seulement des teintures naturelles, comme le brou de noix, par exemple.

Le Noir, le Gris, l'Argent et le Platine

Nous avons vu qu'un objet nous apparaît Noir parce qu'il a absorbé tous les rayons colorés de la lumière.

Le Noir est donc l'absence de la lumière.

Il est associé à la nuit, à la mort et à l'austérité. Trois aspects qui réfèrent à un retrait de La Vie manifestée.

Le Noir a ainsi été choisi, par certains religieux, comme expression de leur détachement «des choses de ce monde». Il serait plus juste de dire: comme l'expression de leur renoncement à la convoitise et à la possession des biens matériels. Le Noir représente aussi leur consentement à un certain ascétisme pour se rendre plus disponibles à la Présence Divine.

À ce niveau, le Noir peut aussi être considéré comme symbole de purification.

C'est probablement le sens qu'il faut lui donner en ce qui concerne le port traditionnel de vêtements noirs par certaines femmes des pays du Sud catholique (en particulier dans le bassin méditerranéen) où la peur du péché est parfois aussi intense que l'ardeur à vivre.

Le Gris qui est un mélange de noir et de blanc symbolise un état transitoire et « chagrin », comme peut l'être le passage de nuages devant le Soleil. De toute façon, les nuages que l'on qualifie de gris ne sont pas vraiment « gris » au sens précis de cette couleur. Car la lumière est toujours présente en arrière. Le « franc-gris » qui serait un mélange réel de noir et de blanc n'existe pas dans La Nature. Car son caractère d'opacité, qui est à l'opposé de la transparence, est un principe contraire aux énergies magnétiques et radiantes de l'Évolution.

L'Argent est, au contraire, une couleur d'évolution. L'Argent est une couleur attribuée à la Lune. Il en représente le caractère et la fonction hautement magnétique. Il symbolise aussi son aspect de réflecteur des énergies solaires.

L'Argent est donc une couleur féminine qui représente la fécondité, la croissance et l'abondance.

L'Argent est aussi un mot utilisé pour désigner la richesse financière et les avoirs monétaires qui favorisent la croissance, la santé et l'évolution de notre vie matérielle. D'une façon ou d'une autre, cet aspect de « l'argent » est aussi très magnétique pour bien des gens !

On le refuse parfois, par peur de son caractère attractif, par peur du « pouvoir » que symbolise cette force, ou tout simplement par une compréhension faussée de la pureté qui prétend que « l'argent salit les mains ». Ce peut être aussi tout le contraire, évidemment...

Le Platine est aussi un métal précieux. Sa couleur est de « l'argent éclairé », c'est-à-dire de l'argent rehaussé de blanc, plus lumineux... nous pourrions dire de « l'argent solarisé ».

En cela, le Platine représente la planète Uranus et donc les influx de la Sagesse Universelle du Verseau.

La couleur platine auréole la chevelure des personnes âgées. La vieillesse ne représente-t-elle pas, elle aussi, la sagesse acquise à travers une vaste expérience de La Vie ?

Plus prosaïquement, mais cependant de façon symbolique, la couleur platine est de plus en plus adoptée par certains industriels de l'automobile. Même si ce processus est inconscient, nous pouvons toutefois y déceler « un signe des temps » : la marque d'Uranus dans les recherches des constructeurs. Pourquoi pas ?...

La couleur est la compagne de la forme dans l'expérience solaire de La Nature et des civilisations

Un monde sans couleurs serait un monde sans âme. Les couleurs expriment l'infinité de nuances de l'Âme Universelle.

Elles sont, avec la forme, la porte et l'expression des royaumes de la Lumière.

Elles introduisent la Lumière dans la matière ; elles la « fixent » dans la forme, exaltant ainsi la mouvance ou la radiance spécifique de chaque forme.

La beauté rayonnante des fleurs est due autant à leurs couleurs qu'à leurs formes.

La Nature estivale nous porte à l'exaltation parce qu'elle est inondée de couleurs qui exaltent les vibrations de la Lumière et qui s'exaltent les unes les autres.

Les civilisations ont toujours associé la couleur à la forme pour exprimer leur vision de La Vie et leur reconnaissance envers l'Auteur de la Création.

L'art visuel de chaque civilisation, qu'il s'agisse de l'architecture, de la glorification des lieux sacrés, de la décoration des lieux d'habitation, du tissage des étoffes, de l'art pictural ou des costumes traditionnels, est un florilège de couleurs, agencées selon une symbolique propre à chaque nation ou à chaque peuple.

La couleur exalte La Vie !

Elle en exprime les qualités infinies et le rayonnement sublime!

Nous avons besoin de la couleur!

Dans les pays nordiques où la saison froide et la neige persistent de longs mois, l'homme a pallié au «manque» de couleurs «naturelles» en peignant le bois des maisons avec des couleurs vives, ou bien en utilisant les couleurs chaudes et ambrées de la brique. Ces couleurs sont alors exaltées par la neige ou le ciel souvent brumeux et laiteux.

Par contre, dans les pays du Sud où règne le Soleil, la saison douce et sa luxuriance de couleurs, l'homme a peint ses maisons en blanc. Cette blancheur des maisons exalte le bleu du ciel et les couleurs vives de la flore méridionale ou tropicale.

Comme le dit une chanson, les gens du Nord portent dans leurs yeux le bleu qui manque parfois à leur ciel! Et leur chevelure reflète quelques rayons du Soleil, souvent tamisé par les brumes ou la bruine.

Le chevelure et les yeux sombres des gens du Sud équilibrent tout aussi admirablement l'intensité lumineuse du Soleil et du ciel de ces contrées.

Les yeux noirs, les cheveux noirs et la peau brune des peuples du Sud signifient que leur organisme a absorbé une grande partie des rayons solaires qu'ils reçoivent. Mais comme l'énergie solaire doit circuler, ils en expriment l'ardeur dans leur tempérament et leurs coutumes.

Les influx spirituels des sept couleurs solaires et leurs modes d'expression

Dans le tableau suivant, les colonnes 1-2-3-4 indiquent que:

– les sept couleurs du prisme,

– les sept notes de la gamme,

– les sept jours de la semaine,

– et, bien sûr, les sept astres principaux de notre système solaire sont des « portes » ou des « instruments » par lesquels le Grand Soleil diffuse et infuse ses harmoniques.

Le tableau indique aussi que les influx harmonisants de ces sept couleurs agissent sur notre organisme à travers les « portes », les « roues d'énergies » ou les « centres subtils » que le sanscrit désigne sous le vocable de « chakras ».

Les colonnes 5 et 6 indiquent quels sont ces dons-harmoniques du Grand Soleil et dans quels « secteurs » d'expérience leurs influx nous sont disponibles.

La pure couleur violette est ici attribuée à la Lune car, faisant partie des sept astres principaux qui animent notre système solaire, la Lune est pour nous l'exemple le plus proche et le plus tangible de ce « contrat » entre la matière et l'esprit que représente la pure couleur violette.

Cette pure couleur violette est parfois difficile à porter sur soi ou à supporter comme décoration murale. Le mauve, qui est du violet adouci par du blanc, nous aide à apprivoiser, en douceur, les énergies puissantes du violet qui représente avec les ultra-violets, la porte des énergies subtiles et qu'il nous faut donc aborder avec grand respect. Par contre la couleur violette sous forme d'un vitrail ou d'un mobile ainsi coloré, peut se révéler un support efficace de la prière et de la méditation.

1 Couleurs	2 Sons	3 Jours de la semaine	4 Planètes - Astres	5 Influx spirituels	6 Secteurs d'influence
Violet	SI	Lundi 1er	Lune (Planètes « rapides »)	Esprit du Service Universel	Contacts et Puissance Spirituels
Jaune	LA	Mercredi 3e	Mercure	Esprit de Sagesse	Communication Réflexion Prudence
Vert	SOL	Vendredi 5e	Vénus	Esprit d'Évolution	Amour - Richesse Croissance Espérance
Orange - Or	FA	Dimanche 7e	Soleil	Esprit d'Harmonie	Sainteté Santé Guérison
Rouge	MI	Mardi 2e	Mars (Planètes « lentes »)	Esprit de Vie	Activité Dynamisme Vitalité
Bleu	RÉ	Jeudi 4e	Jupiter	Esprit de Vérité	Paix- Noblesse Sentiments Religieux
Indigo	DO	Samedi 6e	Saturne	Esprit de Force	Claire-Voyance Vigilance Détermination

4

Le magnétisme
et le rayonnement du vêtement

L'utilisation des vêtements comme moyen d'améliorer sa santé physique et mentale peut ne pas sembler évidente d'un premier abord, mais demeure pourtant un facteur important d'équilibre.

GÉRARD EDDE

Le choix du vêtement est un choix de vie

«On dit que l'habit ne fait pas le moine, mais l'uniforme fait la forme!» (extrait de la revue **Québec Rock**, *octobre 1986*).

Cette affirmation lapidaire était exprimée pour évoquer le profil et les vêtements «suggestifs» des «nouveaux machos». Bien que tel ne soit pas l'objet de notre propos, cette affirmation, en elle-même, n'en demeure pas moins valable pour toute forme de vêtement.

Car le choix de nos vêtements n'est pas «neutre»!

La forme et l'apparence générale des vêtements que nous portons correspondent à la forme de vie et d'expression que nous avons choisie.

Que le choix du vêtement réponde aux impulsions de la mode ou à un goût personnel, il est, dans les deux cas, l'expression

manifeste de nos valeurs profondes; consciemment ou inconsciemment, mais... manifestement!

Si quelqu'un prétend que l'habillement n'a pas d'importance pour lui, il se ment à lui-même, ou bien il laisse « son
milieu » choisir pour lui... c'est-à-dire ses proches parents, ses
amis, ses collègues de travail ou simplement les critères
d'apparence (le «*look*») en vigueur dans son entourage. À ce
moment-là, on choisit... de ne pas choisir « personnellement »
nos vêtements et de s'en remettre à la société dans laquelle on
évolue pour effectuer ce choix.

Lorsque je m'habille, j'*endosse*, à tous les sens du mot, mes
vêtements.

Non seulement j'en revêts mon corps, mais j'assume le symbole social, culturel ou cultuel qu'il représente! Quelqu'un
disait un jour: «Nous avons "l'air" de nos valeurs. Nous les portons sur notre visage, à travers nos attitudes, nos gestes, nos
vêtements.»

Oui, nous « avons l'air » de nos valeurs. Et le vêtement qui
prolonge et souligne notre corps et nos gestes, est un élément
important de cette extériorisation de nos valeurs.

En ce sens, le vêtement que nous portons révèle:

– notre identité spirituelle,

– notre état d'âme,

– l'orientation de notre personnalité,

– ou tout simplement notre « humeur ».

Le vêtement est aussi « magnétique ». Car, étant le principal
intermédiaire dans notre relation avec le monde extérieur, il
focalise le regard des autres sur notre allure, notre expression
corporelle et notre personnalité.

La publicité « sexy » ou sexiste sait, hélas, très bien utiliser
ce potentiel magnétique du vêtement, pour « passer » certains
messages...

Le vêtement est témoin d'une appartenance et signe d'une consécration

Le vêtement que porte un moine témoigne de son appartenance à l'ordre religieux qu'il a choisi. Il est aussi le signe de sa consécration au service divin, à travers cet ordre.

De même, le vêtement que porte un policier ou une infirmière témoigne de son appartenance à tel ou tel corps de métier. Il est aussi le signe de sa consécration à une forme spécifique de service humanitaire.

Certaines fonctions sont directement reliées au port d'un vêtement spécifique : la toge du magistrat, par exemple. Dans ce cas, la toge est véritablement un symbole et un « instrument » qui justifie et consacre l'exercice d'un pouvoir.

Les vêtements traditionnels, revêtus lors des festivals folkloriques, illustrent clairement cette double fonction du vêtement : l'appartenance à un peuple, une nation ou une culture et la consécration de ces valeurs nationales ou culturelles dans le symbolisme consommé des formes, des couleurs, des broderies ou des parures propres à chaque vêtement.

Certains « temps forts » de nos vies sont aussi intimement reliés au port de vêtements particuliers. Ainsi en est-il des temps « festifs ».

Les Fêtes sont généralement l'occasion d'exhiber des tenues vestimentaires un peu plus élaborées qu'à l'ordinaire et qui représentent, selon nos conceptions, « nos plus beaux atours » !

À certaines occasions ou dans certains milieux, quelques éléments de « snobisme » peuvent se mêler dans le choix de ces vêtements d'apparat.

Mais, plus fondamentalement, nos vêtements festifs représentent l'apport et le don de « nos couleurs » dans l'échange et la communion que toute fête consacre.

Tous ces exemples sont évidents. Mais il en est ainsi de chaque tenue vestimentaire... même si cet effet est apparemment moins recherché ou moins conscient.

Notre tenue vestimentaire témoigne de notre consécration à un idéal de vie dont l'expression nous est aussi personnelle que la tenue choisie !

Les caractéristiques du vêtement-harmonique

Dans la mesure où notre corps est « le Temple de l'Esprit », il importe que nos vêtements, autant que notre organisme, fassent de notre existence physique un réceptacle pour le moins décent et accueillant pour l'Esprit.

Mireille Nègre, religieuse et danseuse, nous dit, dans son livre *Je danserai pour toi* : « Je cherche toujours à m'habiller simplement mais joliment. Témoin du Christ, je veux l'être aussi à travers mon apparence. Comme le Christ lui-même qui portait une tunique sans couture. C'est un vêtement simple mais d'une élégance certaine pour l'époque. »

La négligence ou le mépris du corps et du vêtement n'est pas une impulsion harmonieuse ni même religieuse. Sous une forme ou une autre, c'est là le résidu d'un certain puritanisme.

Or le vêtement doit être religieux ! Afin que chacun d'entre nous devienne, comme l'ajoute Mireille Nègre : « ... une icône vivante qui inspire l'amour et la joie de Dieu. »

Il est évident que cette fonction religieuse du vêtement exclut les formes, les couleurs ou les symboles qui seraient une offense à La Beauté ou bien qui flatteraient l'ego d'une personne plutôt que d'en souligner les qualités ou d'en évoquer l'idéal.

(Il n'est pas dérisoire de « prier » pour être « inspirés » dans le choix de nos vêtements. Car nous porterons ainsi des vêtements qui seront l'expression la plus juste de notre attitude intérieure.)

Nos vêtements doivent inspirer les autres, non les provoquer ou les agresser.

Selon cette approche, certains vêtements seront à éviter :

- Par exemple, les vêtements trop moulants qui mettent en relief «les contours érotiques» du corps et qui, en conséquence, rendent plus difficiles le contact et l'échange au niveau des âmes ! À ce niveau, la nudité est moins provocante que des vêtements qui la «suggèrent» !

- On évitera aussi les formes trop rigides, trop carrées ou franchement asymétriques, ainsi que les impressions à motifs agressifs ou disposés de façon chaotique, sans ligne conductrice. Car ces éléments introduisent celui qui les porte et celui qui les voit, dans un univers agressant ou anarchique.

- Les étoffes trop rigides sont à éviter, car elles contribuent à donner de la densité et de la rigidité à l'apparence et aux mouvements.

Les vêtements doivent «suivre» les lignes du corps et non l'emprisonner ou l'exhiber.

Enfin, souvenons-nous que les teintes ternes ou plombées sont aussi à éviter car leurs vibrations s'opposent à celles de la lumière.

Par ailleurs, la taille, légèrement soulignée par une ceinture souple ou une cordelière, symbolise, de façon gracieuse, le «lien» entre le monde «d'En Haut» et le monde «d'Ici-Bas». Les vêtements d'une seule «coulée», qui ne marquent pas la taille (comme les tuniques, par exemple) peuvent avoir la même signification dans un sens «d'unité» et de communion entre ces deux mondes.

La Vie est mouvement.

La Terre en représente le magnétisme et la beauté.

L'Eau en représente le magnétisme et la fluidité.

Le Soleil et l'Air en transmettent le rayonnement.

Un vêtement est équilibré et harmonisant lorsqu'il est une synthèse de ces caractéristiques à travers la lumière ou le magnétisme de ses couleurs ainsi que la fluidité, la mouvance et l'harmonie de sa forme.

Les vêtements souples, légers, de formes et de couleurs harmonisantes et fabriqués dans des étoffes naturelles sont, à notre époque, les vêtements les plus adéquats.

Les étoffes en fibres naturelles qui sont très proches de La Nature Vivante, émettent des vibrations qui harmonisent notre organisme.

- La soie et le satin de coton nous mettent en contact avec la lumière du Soleil.

- La laine nous met en contact avec la chaleur du Soleil et de sa création.

- Le coton et le lin nous mettent en contact avec la fraîcheur, la souplesse et la paix de la Terre et de l'Eau.

Le coton, le lin et la laine qui sont les plus « terrestres » parmi ces étoffes, accompagnent, très naturellement, nos mouvements quotidiens.

La soie qui est, par nature, plus subtile et plus rayonnante, sera naturellement une étoffe plus festive ! Car la soie représente, dans la hiérarchie des étoffes ce que le miel représente dans la hiérarchie des sucres : les influx de la lumière à travers une substance terrestre.

De toute façon, lorsque nous confectionnons ou achetons un vêtement, veillons à ce qu'il soit beau et de noble façon.

Si nous avons à réparer ou « repriser » un vêtement, que la reprise soit une œuvre d'art et confère à ce vêtement un surcroît de beauté autant que de service.

Qu'il soit neuf ou non, un vêtement *aimé* nous enveloppe de vibrations harmonieuses qui préservent et peuvent aussi guérir notre organisme et notre vitalité.

Il est à noter que les miroirs sont des compagnons précieux dans l'apprentissage de La Grâce.

Saint Thomas d'Aquin disait: «La grâce ne détruit pas la nature mais la couronne!»

Le bon usage d'un miroir nous aide à prendre conscience de ce qui n'est pas encore «gracieux» dans notre corps, et à prendre, en conséquence, les moyens spirituels (l'estime de soi, la pensée positive et la visualisation créatrice) qui peuvent, avec le secours de quelques moyens physiques, nous aider à retrouver la grâce corporelle.

Il est cependant conseillé d'utiliser des miroirs qui ne déforment pas l'image du corps.

Les miroirs trop larges (plus de 60 cm de largeur) ou pas assez hauts (moins de 1,60 m de hauteur) élargissent ou «tassent» le corps, nous donnant une image altérée et quelque peu déprimante de nous-mêmes.

Les dimensions idéales d'un miroir sont, approximativement, 60 cm x 1,80 m. (La hauteur doit être le triple de la largeur).

Le miroir ovale est idéal pour les soins du visage. Car il adoucit nos traits et nous aide ainsi à acquérir et à rayonner ces vibrations de douceur.

La coiffure est le vêtement du visage

Nos cheveux sont notre parure la plus naturelle.

Ils «habillent» notre visage!

Ils sont aussi des antennes qui nous relient aux vibrations de l'Univers : étant composés en majeure partie (comme notre peau) de silice, ils sont véritablement des capteurs d'énergies solaires et cosmiques. Les coupes dissymétriques, les teintures et les permanentes sont autant de supplices infligés à notre chevelure dont ils diminuent le potentiel magnétique.

Certaines formes de coiffure sont harmonisantes, d'autres le sont moins.

Les formes «traumatisantes» sont celles qui n'obéissent à aucune loi de symétrie (ex. coiffure «punk»).

Les formes «partisanes» sont celles qui privilégient un côté de la tête. Cette forme «partisane» caractérise la plupart des coiffures sophistiquées, élaborées par la haute coiffure moderne. La coiffure soignée, disciplinée, avec la raie de côté, met l'emphase sur un aspect du visage et de la personnalité. Cette coiffure typiquement contemporaine et occidentale (au sens culturel et non géographique) est une caractéristique de la prédominance de la pensée logique dans notre «appréhension» de La Vie.

La raie au milieu tend à équilibrer nos facultés d'analyse et de synthèse et nos relations avec l'aspect matériel et spirituel de La Vie. La coiffure en «crête de coq» des Indiens Mowaks a la même signification.

Les cheveux coiffés vers l'arrière de la tête dégagent le front et tout le visage. Cette coiffure qui «auréole» le visage peut être difficile à porter car elle met en relief toute la mobilité des traits ainsi que toutes les expressions et les émanations du visage. Cette coiffure est souvent la coiffure naturelle des «maîtres» dont le visage est un «Livre ouvert».

La coiffure «petit page» (que portaient généralement les pages et les troubadours au Moyen-Âge) est aussi une coiffure harmonisante, car elle rayonne de façon égale et circulaire à partir d'un centre au sommet arrière de la tête. Elle encadre souplement le visage dont elle souligne l'ovale et adoucit les traits.

(Ce centre, au sommet arrière de la tête, était l'emplacement de la « tonsure » qui marquait, jadis, l'entrée dans la fonction ecclésiastique.)

Note :   Il serait indélicat, à partir de ces considérations, de porter un jugement sur les pratiques vestimentaires et les coiffures adoptées par telles ou telles personnes.

Ces indications sont des tendances, souvent inconscientes, qui ne sont pas toujours en rapport direct avec les engagements ou la valeur morale d'une personne, dans un sens comme dans l'autre !

L'essentiel, ici, est simplement de comprendre ces tendances et d'évaluer, sur un plan strictement personnel, *comment* on se situe par rapport à ce contexte.

Le vêtement, serviteur et médecin du corps éthérique et de l'aura

Les vêtements souples et un peu amples sont harmoniques parce qu'ils se contentent d'accompagner notre existence corporelle.

Ils laissent toute aisance aux mouvements du corps. De plus, ils soulignent, à chaque geste et de façon subtile, les « mouvements de l'espace » autour du corps physique.

Ils nous aident ainsi à prendre contact avec les vibrations de nos « corps subtils » qui animent cet espace autour de nous.

L'auréole est un cercle lumineux et subtil dont les peintres inspirés entourent le visage des saints et des prophètes.

L'aura est de même nature. Elle est la synthèse subtile et vibrante des qualités et des émanations de toute matière.

Autour de l'être humain, elle forme un «œuf de lumière» qui pulse continuellement et en même temps le protège, en filtrant ce qui lui parvient de l'extérieur.

Le vêtement est, avec la surface extérieure de notre épiderme, un «pont» entre notre corps physique et nos corps subtils (ou «aura»).

Ainsi nos vêtements influent sur notre aura et celle des autres. Ils lui envoient certains «messages». Ils la modèlent et la modulent, selon leurs caractéristiques et selon le symbolisme inhérent à chaque forme et à chaque couleur.

Le vêtement peut donc introduire le trouble ou l'harmonie dans l'aura.

Il peut l'affaiblir ou la renforcer, l'altérer ou l'anoblir.

Car, en portant des vêtements d'une certaine forme et d'une certaine couleur, je m'*investis* du «pouvoir» et des vertus auxquels réfèrent cette forme et cette couleur.

Ce processus n'est pas symbolique mais très tangible. C'est la seule signification des caractéristiques très spécifiques des vêtements liturgiques et sacerdotaux: l'Invocation et, au sens noble, la manipulation d'un Pouvoir Sacré.

(J'ai personnellement porté, pendant des années, des vêtements noirs, presque uniquement des vêtements noirs. Et puis un jour, ce fut terminé: mue par une impulsion de l'âme, très intense, la couleur et le blanc remplacèrent le noir; et bien des aspects de ma vie en furent transformés!)

Élaboré, choisi et porté consciemment, le vêtement devient serviteur et médecin de notre existence physique et spirituelle.

Lorsque la radiance de notre beauté intérieure éclipsera nos parures, alors le temps sera mûr où nous pourrons simplement être vêtus des voiles irisés de l'Amour et des filins soyeux de la Sagesse.

L'éthérique sera notre seul vêtement!

Mais pour arriver à cette époque de plénitude de la Grâce, il nous faut, pour l'instant, apprendre à «éthériser» nos vêtements, apprendre à les rendre plus subtils et serviteurs de la Lumière et de la Grâce.

Ici commence «L'art du vêtement-harmonique» que le Verseau nous convie à développer, apprivoiser et magnifier!

5

L'habitat conscient, moule et amplificateur énergétiques

> *Avec le corps et le vêtement, la troisième enveloppe protectrice, celle qui au fil des siècles a été « oubliée », négligée, et qui pourtant est la base de notre équilibre et de notre santé, c'est notre environnement, et plus spécialement notre habitation.*
>
> B. LEGRAIS et G. ALTENBACH

Une maison est une racine

«Une maison est une racine», déclare Brigitte Bardot*.

Ernest Junger affirme que «la maison est notre vêtement: un espace vital agrandi que nous arrangeons et transformons autour de nous.»

Oui, une maison est un ancrage à la Terre – aussi bien qu'à la terre – qui nous procure le lieu, la substance et l'environnement de nos incarnations:

– d'une façon ou d'une autre, chaque maison est faite à partir de matériaux issus (directement ou indirectement) de la terre;

---

* *Entrevue **Paris-Match**, 26 décembre 1991.*

– elle adhère à la terre *dans* laquelle sont « enracinées » ses fondations et *sur* laquelle elle se dresse, comme si elle en était le prolongement. Même les huttes de certains peuples africains et les tentes des Amérindiens traditionalistes et des nomades de toutes les latitudes, offrent cet ancrage à la terre, car leurs matériaux, constitués d'éléments très naturels, permettent un contact très direct et très intime avec les forces terrestres ; de plus, même dans le cas du nomadisme, l'aménagement intérieur (éléments de confort et de décoration) est déployé et reproduit à chaque établissement, ce qui a pour effet de reconstituer, d'une halte à l'autre, cette énergie-racine de l'habitat.

Mais, que nous soyons nomades ou sédentaires, la base de notre épanouissement terrestre, ne peut s'effectuer, à l'instar des plantes, sans « enracinement ». Par conséquent, il importe de trouver le lieu, le sol et la dynamique architecturale qui correspond à notre « essence » et aux buts de vie que nous voulons manifester : dans cette perspective, la maison doit être, véritablement, une Énergie-Racine capable de supporter, nourrir et protéger ces potentiels.

Dans le cas des personnes qui voyagent beaucoup, ce sont les objets spécifiques, pris dans leur maison, qui vont, d'un lieu à l'autre, « voyager » cette énergie-racine essentielle !

Une chaumière et un cœur...

Qu'elle soit modeste ou luxueuse, la « maison » est un lieu qui exerce un attrait presque viscéral.

Elle est un peu le prolongement de notre corps et de notre âme.

Elle est aussi le Foyer Nourricier.

Elle représente la sécurité et la protection.

Elle est le Havre de paix pour le travailleur dont l'activité s'exerce à l'extérieur, ou bien pour le voyageur, au retour d'un long périple.

Si tous ces aspects sont manifestés dans le lieu où nous habitons, alors notre relation avec ce lieu est harmonique et nous comble, jour après jour !

Si ces aspects ne sont pas tous présents dans le lieu où nous habitons, alors ce n'est pas « la maison selon notre cœur ». Et il est possible que nous ressentions parfois un certain malaise et le désir... « d'aller voir ailleurs ».

Ce désir est légitime. Et, dans la mesure où nous pouvons et voulons, réellement, changer de lieu d'habitation, en prendre l'initiative est gage d'une vie meilleure pour nous-mêmes et notre famille.

Lorsqu'une telle décision a pris corps dans notre conscience, on peut, à l'aide de nos goûts et de nos aspirations les plus vives, forger l'image intérieure du genre d'habitat qui nous convient le mieux.

Cette image sera le meilleur guide :

– pour l'achat d'un terrain « à bâtir »,

– pour l'achat d'une maison,

– pour la location d'une habitation.

Elle nous aidera à trouver, dans un laps de temps raisonnable et sans trop d'investigations fatigantes et coûteuses, l'habitation « selon notre cœur ».

Cette image-guide de « la Maison du Bonheur » est une pratique qui demande surtout :

– de la détermination,

– de la clarté dans nos désirs,

– et (tout autant !), la confiance de voir nos désirs accomplis rapidement, dans un contexte harmonieux !

L'architecture, hier, aujourd'hui et demain

Les critères architecturaux sont très mobiles. Ils varient d'une civilisation à l'autre, d'un pays à un autre, d'une région à une autre, d'un milieu à un autre.

Ils dépendent de la conscience des peuples, du climat, des ressources locales, de la topographie et de l'énergie particulière d'un lieu.

Cependant ils ont ceci en commun :

« Les formes sont des capteurs et des catalyseurs d'énergies. »

Non seulement les lignes et les plans directeurs de la construction elle-même, mais « le contexte formel » dans lequel s'enracine une maison, c'est-à-dire :

– la configuration géologique et géomorphique,

– la nature du sol et du sous-sol,

– l'orientation des lieux par rapport au Soleil,

– ainsi que tous les réseaux d'ondes cosmo-telluriques qui « traversent » ce lieu.

(Bien entendu, la nature et les caractéristiques des matériaux utilisés pour la construction constituent aussi des éléments essentiels.)

À ce sujet, on peut trouver une « mine d'or » d'informations judicieuses dans les recherches effectuées par Boune Legrais et Gilbert Altenbach, en particulier dans un livre intitulé *Santé et cosmo-tellurisme*, (*Éditions Dangles*).

Notre maison étant notre principal « séjour » entre Terre et Ciel, ou bien notre lieu de repos et de ressourcement, il importe que son architecture soit harmonique, c'est-à-dire conjugue et engendre, de façon bénéfique pour notre santé globale, les énergies que ses formes captent dans la terre et dans le cosmos.

Notre époque est un espace de transition entre deux ères, c'est-à-dire entre des courants qui peuvent apporter des transformations majeures dans nos civilisations.

L'architecture subit inévitablement les contrecoups de ces tendances.

Cela suffit pour que s'érigent toutes sortes de constructions. Ce phénomène est accentué par le fait que notre appartenance à une région, à un peuple ou à un pays, est moins vive que dans le passé.

Évoluant vers une identité planétaire, nous avons perdu le contact avec une « identité de clocher » qui engendrait des rythmes architecturaux autant qu'un mode de vie spécifiques.

Cependant nous ne savons pas encore très bien comment cette identité planétaire peut s'incarner dans la forme, la pierre, le bois ou le verre de nos maisons.

Toutes les recherches architecturales qui se font, actuellement, sont saines et justifiées dans leur impulsion. (Nos maisons évoluent nécessairement avec les rythmes de notre conscience.) Mais les « expériences » nées de ces recherches ne sont pas toutes bénéfiques, dans le sens où elles ne sont pas toutes « conformes » aux influx de l'ère nouvelle :

L'architecture « avant-gardiste » d'aujourd'hui n'est pas nécessairement l'architecture de demain.

L'architecture de l'ère nouvelle sera l'œuvre de concepteurs et de constructeurs qui auront eu la sagesse et la noblesse de *se rendre transparents* à la vision que possède déjà la grande Âme-Guide, au cœur de notre Terre et au cœur du cœur de notre Âme !

Autant qu'une question de « recherches », c'est une question d'ouverture de conscience : une « réceptivité éveillée » nous permettra de retrouver, pour le bienfait de l'architecture nouvelle, l'état d'âme et le geste sacrés des bâtisseurs de cathédrales et de temples anciens.

Cette conscience cosmo-tellurique de l'architecture sacrée est nécessaire pour que les nouveaux rythmes architecturaux *servent* l'évolution de la Terre et de la race humaine.

De plus, cela nous évitera de multiplier les erreurs, déjà commises, qui se révèlent préjudiciables à notre environnement et à notre santé.

On comprendra, dès lors, que certaines architectures « futuristes », bien que séduisantes par leur audace ou leur originalité, ne sont guère adéquates pour l'évolution de notre planète. Car leurs archétypes et les énergies que leurs formes génèrent ne sont pas en affinité avec le plan de conscience propre et propice à « notre » évolution, sur Terre.

Nous savons que la planète Terre a pour mission l'apprentissage et le don de l'Amour. Il est donc évident qu'une architecture qui privilégie les arêtes et les angles et dont le béton constitue l'unique matière, génère des ondes agressantes ou isolantes qui ne sont pas compatibles avec l'énergie de paix et d'amour que nous recherchons.

Par contre certaines recherches, dont le point commun est « le solaire », soit comme système énergétique, soit comme modèle au niveau des formes, sont probablement des expériences adéquates et intéressantes.

« Le solaire » peut actuellement fort bien s'intégrer à diverses formes d'architectures.

La lenteur relative qui marque son développement est une question de coûts spécifiques. Mais ce n'est plus une question de difficulté technique ou « d'inesthétisme ».

Les maisons géodésiques, octogonales, polygonales ou rondes seront problablement les maisons d'un avenir relativement proche. Intermédiaire entre la maison traditionnelle et « la maison bulle », ce genre d'habitation est en harmonie avec l'être « mutant » que nous sommes. Ces constructions élaborées autour d'un centre rayonnant ont une dynamique très harmonisante pour nos psychismes parfois tortueux.

Dans un avenir plus lointain, la « maison bulle » émergera dans nos paysages. Mais actuellement, ce type de maison n'est pas encore adaptée à notre espace psychique. Ou plus exactement, nous n'avons pas encore atteint, nous-mêmes, le caractère éthérique et transparent qui correspond à ce genre d'habitat.

Mais un jour viendra où nous serons, à l'image de ces maisons, des foyers de Lumière !

Les formes carrées et rectangulaires tendront à disparaître, au fur et à mesure que les humains auront accueilli et fait fleurir, au Jardin de leur Conscience, les vertus et les dynamismes spirituels inhérents à ces rythmes architecturaux.

Car, en architecture, comme en toutes choses, l'évolution peut se poursuivre dans une nouvelle forme quand on a véritablement intégré les vertus de l'ancienne forme !

L'avenir immédiat de notre architecture planétaire est peut-être plus dans une synthèse rayonnante des joyaux de nos architectures traditionnelles, que dans des recherches extravagantes sans lien avec ce qui s'est fait jusqu'à présent.

La communauté de Findhorn, au nord de l'Écosse, est, à ce propos, un exemple d'ouverture, de tolérance et d'intégration.

Des formes « architecturales » s'y côtoient, depuis le Parc de Caravanes jusqu'au Hall Universel (joyau de l'architecture-harmonique actuelle) en passant par la noble simplicité des vieux manoirs écossais.

Et cependant, à travers cette diversité architecturale, la communauté de Findhorn génère, de façon très claire, l'Image-Guide d'un véritable village planétaire.

Il semble donc que, dans un premier temps, l'émergence et l'unité d'une « vision claire » (un village planétaire : pourquoi? ou pour quoi?) soient plus utiles et plus urgentes que toutes les investigations architecturales les plus osées ou les plus « avancées ».

Bâtir sans conscience et sans mobiles spirituels clairement identifiés peut se révéler aussi hasardeux que de bâtir sur des sables mouvants.

Les rapports harmoniques entre l'horizontalité et la verticalité

Vivant «sous le signe de la croix»: ♁ (symbole de la planète Terre), il est naturel que ses deux dimensions, la verticalité et l'horizontalité, président à nos rythmes architecturaux.

Cependant, selon les climats, les latitudes et l'orientation de conscience des peuples, il arrive que l'une ou l'autre de ces dimensions, prédomine dans l'habitat. D'une façon générale, la dominante horizontale aura tendance à nous relier à l'aspect matériel de La Vie et la dominante verticale à l'aspect transcendant. Les constructions de tous âges, inspirées par un idéal solaire (grandeur, noblesse, rayonnement, etc.) manifestent une nette tendance à la verticalité, incarnant ainsi la transcendance et l'élévation de la puissance solaire dans l'œuvre de l'homme. Ainsi en est-il des pyramides, des cathédrales, des temples, des châteaux, des palais impériaux ou des tipis amérindiens...

Les «plans courants» des bungalows ou des villas modernes ne répondent plus à ce critère de transcendance.

Les plafonds y sont bas, les fenêtres souvent plus larges que hautes. Le mobilier a suivi ces rythmes. Les lits sont plus bas et dans de nombreux foyers, les coussins ont remplacé les chaises ou les fauteuils. Les peuples de couleurs que «l'occidentalisme» n'a pas atteints vivent ainsi, près de la terre. Mais ils le vivent avec une rare noblesse! Car, si nous ne savons pas nous asseoir noblement sur un banc, une chaise ou un fauteuil, saurons-nous mieux le faire à même le sol?

La méditation dans La Nature nous invite à cet apprentissage. Réservons cet exercice pour ces temps bénis de recueillement naturel. Car s'asseoir « par terre » est bien pour nous, un exercice. L'exercice d'un contact souple, digne et reconnaissant avec notre mère la Terre. Mais dans la mesure où nous choisissons de vivre dans une maison « bâtie » avec un certain confort, essayons plutôt de nous exercer à la noblesse du geste et de l'attitude avec le mobilier qui correspond à notre genre de vie.

Reconnaître les valeurs spirituelles d'un autre peuple ne signifie pas imiter leurs habitudes ou leurs attitudes. Ce serait encore « mettre la charrue avant les bœufs » ou privilégier « la lettre » par rapport à « l'esprit ».

Pratiquement, l'équilibre entre la verticalité et l'horizontalité représente actuellement une mesure harmonieuse... avec une légère prédominance pour les lignes « en hauteur » qui tendent à élever notre regard, notre maintien et nos vibrations.

Il serait donc bénéfique de veiller au bon équilibre entre la verticalité et l'horizontalité, dans les lignes directrices de nos intérieurs. Afin de garder ou de retrouver, au fil du quotidien, cet équilibre précieux entre la matérialité et la subtilité de l'esprit.

On peut facilement corriger les tendances trop « horizontales » de certains éléments de notre « décor » par de simples ajouts :

Par exemple, pour rehausser une fenêtre trop large, on peut l'encadrer de tentures à impressions verticales, placer au-dessus de la fenêtre un tableau ou un objet qui en élève la perspective et « prolonger » le bas de la fenêtre par des lignes verticales, un placage de planches de bois, par exemple. D'ailleurs, le bois est un excellent médium pour « supporter » la verticalité.

« Nous donnons une forme à nos édifices, puis ce sont eux qui nous forment ! », disait Winston Churchill. Les outils pédagogiques se cachent parfois sous des... structures inattendues !

L'oratoire, cœur et foyer dynamique de la maison

Chaque maison devrait comporter un oratoire.

Cet élément et cette hypothèse n'est pas un luxe mais confère un cœur-harmonique à la maison, un espace neutre et vibrant où tous et chacun peuvent «faire le neutre» et se ressourcer.

L'oratoire n'est pas un exutoire à la vie profane ou au quotidien. Au contraire, il est un lieu tangible où l'on pourra, jour après jour, apprendre à *sacrifier* (*faire sacré, consacrer*) La Vie dans la maison, La Vie dans la maisonnée!

La fonction de l'oratoire réside justement dans sa consécration à un type d'activités bien spécifique : la prière et la méditation ; le simple fait de n'exercer, dans cette pièce, aucune autre activité, aura pour effet de générer, de façon synergique, une ambiance spirituelle concentrée et très régénératrice. Et toute personne qui viendra en ce lieu pourra bénéficier de ce réseau d'énergies subtiles et sacrées qui relient «le Ciel à la Terre» durant tout acte religieux.

6

La décoration consciente, une génératrice d'énergies

Si tu ne peux pas être une Étoile au firmament, sois une lampe dans ta maison.

Proverbe arabe

Si nous ne pouvons pas rayonner La Vie avec l'ampleur du Soleil, nous pouvons, du moins, ensoleiller notre environnement en l'aménageant consciemment.

La Trinité est aussi dans nos murs!

Chacun sait que le volume d'un parallélépipède est la conjugaison de trois dimensions : la longueur, la largeur et la hauteur.

Cette trinité mesurable se retrouve aussi au niveau des divers plans qui composent une salle : le plafond, les murs et le plancher.

Lorsque vient le temps de peindre ou décorer une salle, on commence par le plafond, on peint ensuite les murs, et on termine par le sol.

Ce processus nous indique le chemin, en ce qui concerne nos démarches :

- On commence par se tourner vers l'Esprit (le plafond) d'où nous vient la protection et l'éclairage principal !

- On agit ensuite au niveau de l'âme (les murs) pour favoriser l'expression de pensées et de sentiments (la décoration murale) avec lesquels nous nous sentirons en harmonie.

- Et puis, en fonction de ces « directives », l'action se manifeste dans le plan physique (le sol).

Ainsi l'espace vital dans lequel nous évoluons est à notre image.

Le plafond qui correspond à l'Esprit doit être clair, afin d'élever la perspective de chaque pièce... et notre approche de La Vie.

Il peut être plus sombre (un bleu profond, par exemple) dans une chambre, lorsque celle-ci est une pièce destinée uniquement au repos et au sommeil.

Dans ce cas-là, le plafond est à l'image du ciel de nuit. Des étoiles phosphorescentes, collées ou peintes sur le plafond, seront un ajout subtil et efficace !...

Les murs qui correspondent à l'expérience sensible de notre âme, peuvent être peints ou décorés de diverses manières, selon l'orientation psychique de chacun.

On peindra chaque pièce, selon « les couleurs » de notre âme : celles qui nous sont familières ou bien celles dont on souhaite acquérir et manifester les vertus.

De même, la décoration murale sera fonction de notre état d'âme :

– ce que l'on veut exprimer,

– ou bien ce que l'on veut apprendre.

Les tableaux, les affiches, les reproductions, ou le symbolisme inhérent à toute décoration murale, ont donc un impact très fort sur notre mode de pensée et nos émotions.

Le sol d'une pièce est, à tous niveaux, le support de notre espace physique : notre corps, nos démarches et nos meubles.

Il doit aussi être en relation harmonique avec le plafond, les murs et la fonction de chaque pièce.

- *Les planchers* de bois conviennent à toutes les pièces. Car les « planches », qui sont imprégnées du magnétisme terrestre et du rayonnement cosmique des arbres, transmettent ces énergies fondamentales aux sols de nos maisons (éviter les vernis synthétiques qui sont des coupe-énergies).

- *Le carrelage* n'est pas adéquat dans une chambre mais convient plutôt pour les « pièces à vivre », c'est-à-dire les espaces où se déroule l'activité diurne, en particulier l'entrée et la cuisine.

Étant une conjugaison de la terre avec les énergies du feu, le carrelage est un « pont » entre dehors et dedans, entre la nature naturelle et la nature transformée de nos maisons et de notre alimentation.

- Par contre, *les moquettes et les tapis* (de laine surtout) accompagnent favorablement le plancher d'une chambre, d'un sanctuaire (si l'on dispose d'un espace consacré à la prière) ou d'un salon, lorsque celui-ci est essentiellement une pièce de repos.

Les tapis «feutrent» l'atmosphère. Ils conviennent donc bien pour une atmosphère de repos ou de recueillement.

- *Les tapis «secs»* et plus rigides (moquettes à poils ras ou tapis de cordes) qui sont intermédiaires entre la rigidité du carrelage et la souplesse du tapis de laine, seront adéquats dans une pièce dont la principale fonction est l'échange et le partage:

  – salle à manger,

  – bureaux,

  – salle de travail, de réunion, de conférences, etc...

Ils feutrent légèrement l'atmosphère mais supportent fermement l'action et l'éveil.

Laissons notre «imaginaire inspiré» nous guider, selon ces critères de base conjugués avec nos goûts personnels.

Le résultat sera très harmonisant pour notre environnement et notre vie quotidienne.

Les peintures magnétiques et les peintures rayonnantes

Cette même trinité vitale que l'on trouve dans les dimensions d'une pièce, est aussi présente dans le caractère des peintures que nous utilisons.

(Il en est de même pour le caractère des tapisseries ou des «papiers peints» utilisés.)

Les couleurs «mates» sont plutôt magnétiques. Elles «retiennent» la lumière et la diffusent en douceur.

Elles ont tendance à «absorber», «éponger», ou apaiser l'intensité de nos vibrations physiques et psychiques. Les couleurs mates seront donc bénéfiques dans les pièces de repos ou de recueillement.

Les couleurs «laquées» sont plutôt rayonnantes. Elles diffusent généreusement la lumière. Elles envoient des flots de lumière dans la pièce qu'elles animent. Cette émission lumineuse est amplifiée par l'effet-miroir de ce genre de peinture qui renvoie les ondes lumineuses d'un mur à l'autre.

Ces couleurs seront donc bénéfiques dans des lieux où l'on exerce une activité diurne qui nécessite de l'éveil, de la clarté et de la précision. (Cuisines, buanderies, laboratoires, etc.) – Les carreaux en céramique offrent la même énergie.

Les couleurs «satinées» sont équilibrées entre le magnétisme et le rayonnement. Elles seront donc idéales pour des lieux voués à l'échange et à la communication:

– elles favorisent, en même temps, la paix du corps émotionnel et la «vivacité éclairée» de la pensée.

Les couleurs satinées seront donc idéales pour les lieux de travail, de réunion, de repas, de fêtes ou bien les salons lorsqu'ils sont des «vivoirs» ou des «salles de séjour».

Les objets sont des talismans

Les objets de toutes sortes, qui peuplent notre environnement, ont-ils une «âme»?

Cette question est, bien souvent, sujet à controverse.

L'attachement qui nous relie à tel ou tel objet est-il seulement fonction de son utilité?

On ne se contente pas d'utiliser les objets.

On aime les regarder, les toucher.

Certains objets nous attirent. D'autres nous sont complètement indifférents. D'autres encore nous «repoussent».

Les objets que nous avons choisis, pour décorer une pièce, un appartement ou une maison, nous sont «chers», indépendamment de leur valeur monétaire, et parfois indépendamment de leur valeur artistique. Comme s'il y avait entre eux et nous un échange vibratoire, subtil mais vif!

Le «comme si»... est de trop!

«Il y a», entre les objets et nous-mêmes, un échange vibratoire!

Par leur forme, leur couleur, leur matière, leur volume, leur symbolisme, par leur origine et leur mode de fabrication et selon l'endroit où ils sont placés, les objets qui nous entourent ont un impact subtil mais réel sur notre vision de La Vie et sur nos sentiments quotidiens! Autant dans le plan spirituel, mental ou émotif que dans le plan physique.

Réciproquement, par nos énergies physiques, émotives, mentales et spirituelles, nous communiquons aux objets qui nous entourent nos propres vibrations.

Ainsi les vibrations émises par les objets qui nous entourent façonnent ou modifient la «matière» de notre vie.

De même, nous façonnons ou modifions la nature vibratoire des objets qui nous accompagnent.

Cet aspect est évidemment très présent lors de la fabrication d'un objet. Mais il l'est tout autant lors de tout «contact», visuel, tactile, conscient ou inconscient, avec un objet.

De ces échanges entre l'âme humaine et la matière sont nées toutes les coutumes et les cultures qui font la diversité et la richesse de notre héritage planétaire.

Il est donc essentiel d'entretenir une relation consciente et claire avec les objets qui nous entourent:

– les choisir adéquatement ;

– leur attribuer l'espace qui leur convient le mieux ;

– les entretenir et les respecter ;

– et surtout... les aimer !

Cette relation dynamique et consciente avec les objets que nous « fréquentons » les tranforme en talismans.

Un talisman est généralement considéré comme un objet de rituel sacré ou... sorcier.

Cependant, un talisman est, avant tout, un objet qui a le pouvoir de communiquer certaines vibrations, certaines vertus ou bien certaines énergies.

Le mot « talisman » vient de l'arabe « tilasman » qui signifie « image magique », lui-même dérivé du grec « telesma » qui représente « la force magique ».

Les multiples légendes qui décrivent des aventures dont l'objet est la quête d'un talisman ne sont-elles pas l'évocation subtile et merveilleuse d'une Force dont on a quelque pudeur à dévoiler trop crûment l'origine et l'impact ?

Mais en fait, tous les objets sont des talismans. Car ils sont, à un degré ou à un autre, une condensation de cette force magique qui élabore et alimente toute forme de vie.

De plus, nos mains et notre regard sont nos plus habituels organes de relation avec le monde alentour. Ils sont, eux aussi, des antennes qui captent et transmettent des courants.

Ainsi, selon les courants qui traversent nos yeux et nos mains (nos schémas de conscience et nos émotions) et selon la manière dont nous touchons et regardons les objets, nous pouvons, à loisir, faire de notre environnement, un lieu de sortilèges ou un palais de contes de fées !

Les greniers, les débarras et les objets inutilisés ou oubliés

L'habitude de reléguer dans un placard, un débarras, un sous-sol ou un grenier des objets dont on ne veut plus, est une pratique à éviter.

Le rayonnement de chaque objet continue de s'exercer. Et, la somme de ces énergies subtiles rassemblées et oubliées dans un lieu en fait un foyer de confusion. De plus, ces objets ayant été imprégnés par nos énergies passées nous relient donc au passé... alors que nous voulions nous en séparer. Il y a ici une incohérence nocive.

Les greniers ou les sous-sols encombrés d'objets divers de notre passé peuvent nous empêcher d'accueillir le renouveau, même matériel, pour aujourd'hui et demain.

On ne peut en même temps tout garder et s'ouvrir à du neuf ou du nouveau !

La Vie est mouvement, changement, circulation.

Il nous faut apprendre à *faire circuler* les objets jugés inutiles, inadéquats ou anachroniques :

- les détruire, s'ils ne peuvent être encore utiles ;
- les donner à des organismes de recyclage, toutes les fois que cela est possible ;
- les offrir à des organismes de partage, etc.;
- ou bien les vendre. À ce propos, la pratique nord-américaine des «ventes de garage»* est un bon moyen de «faire le ménage» ou «le vide».

---

* «Vente de garage»: vente «devant la porte du garage» ou «dans son garage», des objets dont on ne veut plus, en général à des prix modiques.

Note : Avant de donner ou de vendre des objets dont on ne veut plus, il est préférable de les « neutraliser » : c'est-à-dire les remercier pour leur service et les « libérer » de soi, par une pensée consciente dans ce sens.

Le symbolisme dans l'environnement

Le symbolisme dans l'environnement, c'est la décoration consciente et la matérialité apprivoisée. Non pas en fonction de la mode ou d'un certain *« design »* en vogue, mais en fonction de la puissance de rayonnement particulière à chaque forme et à chaque couleur.

Le symbolisme universel est tellement vaste qu'il laisse beaucoup d'espace à la variété, dans le choix des formes, des matériaux et des couleurs.

Chaque fois que cela est possible, le symbolisme devrait être un critère majeur dans le choix des objets. Autant pour les objets à vocation utilitaire que pour les objets à vocation décorative.

L'aspect symbolique d'un objet n'agit pas au niveau conscient mais au niveau inconscient. Selon le même processus de conditionnement exercé par les « images-symboles » des annonces publicitaires (T.V., revues, affiches, etc.).

Le symbolisme de nos objets nous influencera ou bien nous « éduquera » simplement parce que ces objets sont *présents*, continuellement, dans notre champ de vision.

Le symbolisme éducatif des objets peut aller du prisme suspendu devant une fenêtre jusqu'au robinet de la douche en forme de diamant ou d'étoile, en passant par la boîte à sel, en bois sculpté aux « armoiries » du Soleil.

(L'artisanat du Haut-Queyras, en France, région des Alpes très ensoleillée, est spécialisé dans cette sculpture sur bois, très « solaire » en même temps que très utilitaire.)

Par ailleurs, les objets suspendus, en particulier *les mobiles*, sont, à notre époque, d'un grand secours spirituel.

Les mobiles nous aident à apprivoiser le caractère mouvant et fluctuant de La Vie. Leur position évolue sans arrêt et on n'en voit pas toujours la même face ou le même profil.

Les mobiles nous aident aussi à nous ouvrir à l'aspect spatial et éthérique de La Vie. Ils nous aident à prendre conscience de l'espace vibrant autour d'un objet autant que du symbole de l'objet lui-même.

(En ce sens, les mobiles sont, dans la décoration, le pôle spatial complémentaire du pôle plus « carrément encadré » et fixe que représentent les tableaux.)

Les vitraux, petits ou grands, qui allient la transparence et la lumière au symbolisme puissant des formes et des couleurs, restent et resteront, encore longtemps, des objets sacrés de grande magie !

La décoration florale

En fonction de ce que nous avons précédemment évoqué, nous comprendrons que la présence des fleurs est bienfaisante, dans la décoration de notre habitat.

Les fleurs sont une matière très subtile, très rayonnante et très vibrante.

Ainsi, par leurs formes, leurs couleurs et leurs parfums, éléments naturellement symboliques, les fleurs purifient et augmentent la qualité vibratoire de notre environnement.

Durant la saison douce, lorsque les fleurs abondent dans les prairies, les chemins, les rocailles ou nos jardins, nous pouvons en cueillir quelques gerbes ou quelques bouquets pour agrémenter une table, une fenêtre, un guéridon, etc.

Cependant, évitons tout gaspillage, geste contraire à l'économie naturelle de la végétation.

D'autre part, avant de cueillir quelques fleurs, il serait courtois et délicat de leur faire part du motif de notre geste et de notre reconnaissance envers leur sacrifice.

Les fleurs sont servantes et témoins de La Pureté, de La Lumière, de La Beauté et de L'Amour Universel. Si on les cueille avec l'intention de favoriser l'épanouissement de ces qualités dans notre environnement, elles accepteront avec joie ce service et elles ensoleilleront longtemps l'atmosphère de notre maison.

Changer quotidiennement l'eau des fleurs coupées est non seulement un geste de survie pour ces fleurs mais aussi un rituel de reconnaissance envers les harmoniques qu'elles diffusent.

Par ailleurs, on évitera de mélanger dans un même vase des fleurs sauvages et des fleurs cultivées. Car leurs énergies et leurs vibrations sont différentes. Elles ont aussi des « messages » spécifiques à nous confier.

Les fleurs cultivées vont nous « parler » de la qualité vibratoire de notre jardin.

Les fleurs sauvages vont nous apprendre à communiquer et à nous apprivoiser avec les énergies libres et puissantes de La Grande Nature.

À l'automne, juste avant les dernières gelées dont l'intensité signe l'arrêt de mort de la végétation annuelle, on trouvera de l'agrément à cueillir les dernières fleurs de nos jardins.

Leur vie en sera prolongée. Et ces fleurs nous en sauront gré en embellissant nos intérieurs d'automne pendant un temps étonnamment long!...

En hiver, plutôt que d'acheter des fleurs coupées, importées, coûteuses et souvent éphémères et inodores (ces fleurs ne sont pas toujours cultivées avec amour et ne peuvent donc pas rayonner ce qui ne leur a pas été accordé), il serait préférable et tout aussi agréable d'utiliser des bouquets de fleurs séchées lors de la saison précédente (immortelles, plantes aromatiques, graminées, etc.).

Laissez seulement sécher dans son vase le dernier bouquet de fleurs sauvages cueilli à la fin de l'été. Il fera un bouquet sec très naturel et très harmonique qui de plus, résistera très longtemps.

Ces bouquets de fleurs séchées s'harmonisent très bien avec l'atmosphère hivernale qu'ils égaieront subtilement jusqu'à la prochaine saison de végétation.

Les plantes à fleurs, cultivées en pots ou dans des vasques, sont aussi une heureuse alternative aux fleurs coupées. Elles agrémenteront agréablement une serre, un solarium, un jardin d'hiver ou un sanctuaire, si l'on dispose de tels espaces.

Dans un hall ou une entrée bien éclairée, elles seront un accueil subtil et chaleureux!

En tous temps, les fleurs «artistiques» ne sont pas à négliger. Ces fleurs de soie, de papier de riz, d'écorce, etc., témoignent d'un vibrant amour des fleurs et d'une recherche esthétique.

Elles témoignent aussi d'un «contact» établi par l'Artiste (le concepteur ou l'artisan) avec les devas ou anges des fleurs. En les admirant, nous bénéficierons des vibrations subtiles incarnées dans la matière lors de cette « collaboration ».

Les ressources de la décoration consciente sont infinies ! Et toujours elles feront de notre environnement un calice pour les dons du Ciel, un aimant des dynamismes terrestres et une porte pour faire entrer un peu plus de *soleil* dans nos vies !

7

Un éclairage
au service de la Lumière

L'esprit de l'homme
est la flamme
Qui unit la lumière des
étoiles à l'éclat des bougies
Un pont sacré et scintillant
entre la Terre et le Ciel.

Fragments du livre essénien
des révélations

L'éclairage est le prolongement de notre regard et la parure lumineuse de notre habitat.

Dans une maison, l'éclairage est essentiel.

Il permet la pénétration de la lumière du jour et du Soleil par ses espaces vitrés.

Il prend le relais du Soleil, de façon « organisée », quand les nuages en masquent l'éclat, lorsqu'une pièce est trop sombre et lorsque la nuit envahit le ciel.

C'est la Lumière, sous diverses formes, qui nous permet d'identifier les êtres et les choses.

C'est elle qui nous permet de décoder nos richesses et nos faiblesses dans l'expression de notre visage, nos attitudes ou bien les contours de notre silhouette.

C'est la Lumière qui nous permet de rencontrer l'âme dans le regard de l'autre.

C'est elle qui nous permet de nous réjouir de la beauté de la création et des œuvres humaines.

C'est elle encore qui, jour après jour, nous permet d'effectuer avec attention, clarté et finesse, tous nos travaux.

Les diverses formes d'éclairage-harmonique

Les baies vitrées sont les éléments essentiels et les plus naturels d'un bon éclairage. Lorsqu'on bâtit une maison, il est adéquat d'inclure de vastes ouvertures en baies vitrées et d'orienter judicieusement la largeur et la hauteur des ouvertures en fonction des points cardinaux, des heures d'ensoleillement et de la vocation des pièces.

Le climat est aussi un élément déterminant.

Quand le contexte naturel (et financier) s'y prête, l'installation d'une serre, d'un solarium ou d'un jardin d'hiver est un élément bénéfique pour prolonger la présence du Soleil et l'éclairage-harmonique de la maison.

Les ampoules blanches ou opalines génèrent un assez bon éclairage, car elles diffusent également la lumière.

• Les ampoules opales, à la silice, sont idéales: lorsqu'on sait que la silice est l'un des principaux «supports» terrestres des forces solaires, on admet aisément les bienfaits d'un tel éclairage.

- L'intensité lumineuse de l'éclairage variera en fonction des effets et de l'atmosphère recherchés.

- La lumière «colorée» peut être intéressante pour les zones de détente, de repos ou de méditation.

L'éclairage vivant

Il ne faut pas oublier que l'éclairage le plus vivant, le plus vibrant et le plus naturel est la lumière de la flamme qui éclaire et réjouit autant le monde physique que celui de l'âme.

Les chandelles (chandeliers, cierges, candélabres)

Les lampions et les lampes à huile devraient avoir une noble place dans nos éclairages !

Toutes les fois que cela est possible, on privilégiera les chandelles en cire d'abeille. Car la cire d'abeilles est vivante, riche en énergies solaires et en parfums subtils.

On utilisera, sans réserve, ces chandelles lors des Fêtes Solaires :

– solstices et équinoxes,

– pleine Lune, nouvelle Lune,

– ou bien pour les fêtes chères à notre cœur ou à notre âme...

Les lampions (cire coulée dans des contenants en verre, étroits et hauts) sont les meilleurs «veilleuses» nocturnes, surtout ceux dont le verre est teinté en bleu. Ils s'accordent aux énergies de la Nuit et supportent, durant notre sommeil, le «travail» du «veilleur cosmique» en chacun de nous.

L'éclairage artistique ou esthétique

Cet éclairage est utilisé pour mettre en valeur des objets d'art, des fleurs, un détail d'architecture ou un élément particulier de la décoration. Il souligne ainsi leur beauté et nous permet de nous en nourrir.

Voici donc quelques indications et quelques suggestions.

Entrée / Hall

Belle lanterne au milieu de l'espace, symbolisant l'accueil de la maison elle-même, qui souhaite la bienvenue à tous les visiteurs.

Éclairage, si possible, dans les garde-robes ou les placards où l'on range les manteaux et les chaussures d'extérieur.

Couloirs

Éclairage indirect sur les murs, mettant en valeur, si les conditions s'y prêtent, des détails d'architecture, des peintures, des reproductions, etc.

Dans les auberges et autres bâtiments publics, on devrait utiliser à des fins d'exposition les longs couloirs qui sont souvent nus, froids, ternes ou inhospitaliers.

Les couloirs sont des espaces neutres. On peut donc leur assigner, provisoirement, cette fonction. (Alors qu'une exposition d'œuvres d'art dans un espace de travail ou de rencontres est anachronique et dévaluée parce qu'elle ne correspond pas à la fonction première de ce lieu.)

Cuisines

Éclairage central seulement pour l'entretien.

Éclairage doux, net et puissant sur les plans et tables de travail et au-dessus de l'évier et des éléments de cuisson.

Si possible, éclairage dans les placards.

Veilleuse au-dessus de l'évier.

Salle à manger

Lampes puissantes et douces (ampoules opales) ou à intensité variable, situées au-dessus de la table (à 60 cm maximum) avec des «chapeaux-cloches» ou «chapeaux chinois», afin d'éclairer vivement la table mais ne pas éblouir les convives.

Éclairages doux et indirects dans les angles de la pièce si la salle à manger est de vastes dimensions.

Un éclairage plongeant, sur une desserte ou un vaisselier, peut mettre en valeur une grande corbeille de fruits ou de noix à l'intention des familiers de la maison ou des visiteurs.

Chandeliers sur la table, allumés aux moments des repas.

Salon, boudoir, vivoir

Lampe centrale «majestueuse», que l'on utilisera seulement aux temps de festivités (symbolisant la présence de La Lumière Intérieure qui devrait présider en chacun, lors des grands rassemblements et des grandes fêtes cycliques).

Habituellement: éclairages indirects bien répartis dans la pièce, mettant en valeur l'âme esthétique de la pièce, un détail d'architecture, une œuvre d'art, un instrument de musique, des plantes et des fleurs, etc.

Dans cette pièce, le feu «vivant» (âtre, chandeliers, lampions, candélabres, etc.) devrait être présent d'une façon ou d'une autre.

Une cheminée à double vitrage, commune au salon et à la salle à manger est un élément intéressant qui génère les énergies rayonnantes du Feu dans ces deux lieux voués à l'échange et au partage.

Salles de travail, ateliers, etc.

Pas d'éclairage central.

Éclairages individuels uniquement, directs, nets et d'assez vive intensité sur les zones de travail, de recherches et d'entrevues (bureaux, bibliothèques, classeurs, tables de travail, etc.).

La présence d'un lampion jaune or peut inciter ceux qui travaillent dans ce lieu à confier leurs réflexions, leurs recherches ou leurs travaux à l'énergie de Mercure (pensée claire, communication).

Salles de jeux / Espaces récréatifs

Éclairages au plafond, directs et assez puissants.

Éviter les zones d'ombres : on est ici pour le jeu qui est une activité diurne et qui doit baigner dans la pleine lumière (à tous niveaux !).

Chambres

Éclairage discret au plafond (surtout utilisé lors de l'entretien des lieux).

Éclairages indirects doux et tamisés, auprès du lit et auprès du mobilier de chambre, tel que coiffeuse, commode, etc.

Un lampion bleu est idéal comme « veilleuse » nocturne.

Un lampion dont on choisit la couleur peut être utile pour la prière et la méditation matinale et vespérale, si l'on choisit de vivre ces moments de recueillement dans sa chambre.

Salles de bain

Éclairage central pour l'entretien des lieux.

Éclairage à intensité variable au-dessus de la baignoire.

Appliques murales à lumière opaline de chaque côté du miroir et au-dessus du lavabo.

Serres, solarium, jardin d'hiver

Éclairage direct sur les plantes pour suppléer au manque de soleil durant les jours sombres et lors du début et de la fin de la journée, moments où l'ensoleillement est moindre.

Sanctuaire / Oratoire

Si possible, lampe de sanctuaire ou lampe votive (en pierre, en cristal), ou lampe à huile.

Éclairage direct, plongeant et bas, mettant en relief l'eau d'une vasque ou un bassin de fleurs.

Chandeliers et appliques sur les murs, allumés lorsqu'il y a quelqu'un dans la pièce.

Un éclairage électrique très discret devrait être utilisé seulement quand il fait nuit et pour l'entretien des lieux.

La dominante de lumières «vivantes» dans cette pièce qui devrait être le cœur de toute maison, rappelle que le Feu (l'Esprit) est au cœur de toute vie.

Caves

Éclairage direct et puissant pour éliminer toutes les zones d'ombre.

Les lieux publics

Les lieux publics nécessitent souvent un mélange subtil d'éclairages. Car diverses atmosphères y sont présentes, parfois dans un même espace (accueil, plans de travail, espaces d'entrevues, lieux d'attente, etc.).

Le caractère des travaux ou des rencontres qui s'y effectuent, ainsi qu'un état d'esprit «ouvert» de la part des concepteurs et des responsables de la gérance de ces lieux, devraient contribuer à trouver «le bon dosage» et les éclairages appropriés.

Éclairage extérieur de la maison

De nos jours, on voit souvent des projecteurs éclairant les murs de la maison. Est-ce bien nécessaire? Cela peut être matière à discussion.

Mais il semble qu'il y ait d'autres zones qui nécessitent un éclairage.

La porte d'entrée principale, la « porte d'honneur » comme on disait jadis, représente le lieu même de l'accueil, le passage qui conduit de l'extérieur à l'intérieur de la maison.

Elle revêt donc une certaine importance.

On installera un éclairage assez intense mais doux, sobre et beau, de chaque côté de la porte. Ces lampes représentent deux « sentinelles », deux vigiles... deux « anges »(?) qui accueillent les visiteurs et protègent la maison et ses hôtes. De façon symbolique? Mais peut-être de façon très réelle aussi?

Les portes latérales ou portes de service (qu'on utilise moins souvent) seront affectées d'une lampe au-dessus de leur encadrement, faisant office à la fois de service, de vigile et de veilleuse.

Idéalement, il serait bon d'éclairer *le pignon ou le faîte de la maison*.

Cette partie de la maison qui est « plus près » du Ciel, du Soleil et des étoiles mérite notre respect : c'est par la partie sommitale d'une maison que fluent les énergies du cosmos.

Durant les heures nocturnes, cette partie de la maison, judicieusement éclairée, élèvera notre regard dans la nuit, nous permettant d'*invoquer*, plus consciemment, la bénédiction de nos frères des étoiles avant de franchir le seuil d'une maison, la nôtre ou celle d'un hôte.

On peut placer, au pignon de la maison, une fresque ou une figure symbolique qui représente « l'élévation » souhaitée ou invoquée.

Ces symboles peuvent être fort divers. Les maisons bavaroises et autrichiennes (en particulier au Tyrol et au Voralberg) sont abondamment fleuries de cet Art du Ciel (motifs solaires – lunes – étoiles – sceau de Salomon – pentagrammes –

croix – croix rayonnantes – etc. ou bien fresques mythiques idéalisant la vie quotidienne).

Laissons-nous «intuitionner», inspirer... Nous trouverons toujours ce qui convient le mieux à notre maisonnée.

En ville, une telle pratique pourrait complètement changer l'atmosphère d'un quartier. D'abord sur un plan visuel. Et puis, quelle belle opportunité d'échange pour les locataires ou les co-propriétaires d'un immeuble : se réunir pour choisir un symbole de croissance et de bénédictions ! Utopie, dira-t-on ? Mais l'utopie n'a de prise que sur les cœurs fermés...

Gœthe lui-même disait : «Ce que vous pouvez faire, ce que vous rêvez que vous pouvez faire, commencez à le faire. L'audace se compose de génie, de puissance et de magie.» Le progrès s'est toujours manifesté à travers des êtres qui se sont attachés à démontrer le «possible» de leurs rêves !

Les jardins et les sous-bois ne devraient pas être éclairés. Car la nuit qui les enveloppe aide à la magie et au mystère actif de leur croissance et de leur transformation.

Cependant, à l'occasion de grandes fêtes estivales, on pourra faire quelques exceptions... Après en avoir fait part aux esprits de La Nature qui animent les espaces concernés.

On se servira d'un éclairage le plus naturel possible. Ainsi on pourra utiliser (avec toutes les précautions requises, bien sûr) :

– un ou des feux (quelqu'un les surveille constamment !),

– des torches disposées sur des trépieds,

– des braseros,

– des lampes à huile, des fanaux,

– des lampions ou des chandelles (abritées, par exemple, sous des bulbes opalescents de lampes à pétrole).

(Si l'on ne peut faire autrement, on utilisera un éclairage électrique très discret.)

8

L'environnement sonore:
l'accordeur de l'âme

Qu'il s'agisse des sons de La Nature ou du lan-
gage humain ; qu'il s'agisse du murmure de l'eau
ou bien des sonorités d'une flûte, c'est l'Âme qui est
révélée à travers le son...

Le son révèle ce qu'il y a derrière la substance...

KARL KÖNIG

L'Évolution est musicale

L'Évolution de l'Humanité est intimement reliée à l'évolution musicale de La Vie.

En premier lieu par La Nature dont les émanations musicales varient avec les caractéristiques de la végétation, des lieux
et des saisons.

La Vie, dans La Nature, est musicale :

- Le clapotis sur un étang miroitant au milieu des roseaux
ou bien les orgues puissantes des marées ou du vent dans
les futaies.

- Le bruissement de la brise dans les herbes hautes ou les
feuillages.

- Le chant sacré des oiseaux et des sources, etc.

- Au bord de la mer, la musique du sable vanné par le flux et le reflux nous enchante autant que la vision mouvante du paysage marin !

- En haute montagne, les accents titanesques du vent nous grisent autant que l'air vif de l'altitude ou la vision gigantesque des pics enneigés et des glaciers aux profondeurs mystérieuses !

La Nature éveille en nous le sens sacré et cosmique de la Musique.

Elle favorise aussi l'éveil et le développement de l'émotion esthétique qui est le sens-harmonique de la forme, du mouvement, de la couleur et du son.

De façon concomitante, des éléments musicaux particuliers correspondent à chaque grande époque d'évolution de la race humaine, à chaque civilisation et à chaque culture :

- une certaine rythmique, des courants mélodiques particuliers,

- la prédominance d'intervalles sonores précis,

- et l'utilisation de certains instruments de musique.

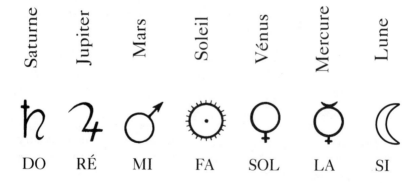

Saturne	Jupiter	Mars	Soleil	Vénus	Mercure	Lune
DO	RÉ	MI	FA	SOL	LA	SI

La gamme des sept notes est l'illustration sonore des sept rayons de la lumière solaire et des sept astres principaux de notre système solaire.

L'exploration de ces tonalités nous introduit dans les atmosphères-harmoniques qui leur correspondent.

Lors d'une session d'eurythmie, la directrice d'une troupe d'eurythmie de New-York nous disait : « Ce que nous trouvons dans la musique, nous pouvons le trouver dans l'être humain, en tant qu'expression des qualités de l'âme ! »

Oui, la musique et l'âme humaine sont des expériences jumelles dans les processus de la création.

Toutes les deux, elles explorent les influx rythmiques et mélodiques offerts par Le Grand Soleil pour harmoniser la Création.

L'Harmonie qui, pour nous, est synonyme de plénitude et de perfection est, en musique, l'agencement juste et équilibré des sons et des accords.

Si nous ne sommes pas tous des musiciens actifs, nous sommes tous des mélomanes, consciemment ou inconsciemment.

Nos chemins de croissance sont des expériences vibratoires et des voies musicales qui nous relient au Chant du Monde !

La Matière, qu'elle soit dense ou subtile, capte et émet, constamment, des courants et des vibrations qui sont simplement des longueurs d'ondes différentes et donc des « nuances » dans la grande symphonie cosmique.

En écoutant parler quelqu'un, il arrive que nous nous exclamions : « Ce qu'il (ou elle) dit "résonne juste". » Cette expression *aussi* est... juste. Car elle illustre bien la réalité « musicale » de notre compréhension de La Vie.

On s'exprime ainsi parce que le « musicien solaire » en nous connaît tout du florilège infini de l'harmonie cosmique.

Il en connaît toutes les sonorités et toutes les partitions.

Notre âme est une harpe dont les cordes sont accordées aux harmoniques universelles.

Cette harpe est la même pour chacun d'entre nous.

Et lorsqu'un «voisin» ou un frère, connu ou apparemment inconnu, proche ou lointain, fait vibrer l'une de nos cordes, l'écho se prolonge jusqu'au cœur de notre âme et si nous sommes assez attentifs, il réveillera le musicien solaire en nous qui s'exclamera avec joie: «Moi aussi, je connais ce son-là!»

Ainsi naissent les sympathies spirituelles...

Ces «liaisons-harmoniques» qui feront de l'Humanité une symphonie sublime lorsque le musicien solaire sera éveillé ou réveillé en chacun de nous.

En cet instant béni, la Terre participera alors, à part entière et à sa juste place, à l'Harmonie Universelle!

Le Son est le guérisseur naturel de l'Âme

Habitués et parfois obsédés par l'action, habitués à réagir sans délai aux sollicitations de la vie moderne, nous avons perdu le sens de l'Écoute.

Nous cherchons, parfois en vain, le silence alors qu'un peu «d'écoute» pourrait, naturellement et tranquillement, faire taire en nous le bavard intempestif!

Car l'écoute de certains sons harmoniques et harmonieux apaise l'âme et lui aide à retrouver les vibrations qui lui sont propres.

Le Son et l'Âme appartiennent tous deux, aux royaumes de l'intangible et de l'impalpable.

Ils ne connaissent pas les frontières de la matière condensée. Et cependant ce sont eux qui, par un agencement particulier des vibrations, modèlent et modulent la Matière jusqu'à l'épanouissement rythmique d'une forme.

Le Livre de la Genèse est assez explicite à ce sujet: «Et Dieu *dit*: "Que la Lumière soit et la lumière fut"», etc. La création est née de l'expression vibrante du verbe divin!

De même, selon «La loi des semblables», le Son est le guérisseur homéopathique de l'Âme!

Cette parenté nous précise, s'il en est besoin, que c'est la qualité vibratoire et la vertu propres à un son qui guérissent l'âme et non l'intensité exagérée du son ou le bruit.

À ce propos, il est à noter que les «sons-bruits» de la «musique électronique» sont dus, uniquement, à l'enregistrement et à l'amplification sonore de sons «atomisés» ou de bruitages, pré-programmés à partir de certaines combinaisons sophistiquées ou logarithmes.

(Ce qui s'avère utile à la statistique, à la gestion et aux diverses prospectives scientifiques n'est pas nécessairement bénéfique à l'évolution de l'art... et de l'âme!)

Les «harmoniques», au sens physique et musical du mot (variations subtiles de sons concomitants à un son audible), n'existent pas dans le son-bruit électronique. Or, ce sont ces harmoniques qui expriment la qualité vibratoire du Son et de l'Âme.

Le son-bruit électronique qui est fixe et qui ne vibre pas ne peut donc *servir* La Vie qui est mouvance!

Le son-bruit électronique *utilise* la quantité, la durée et le volume sonores alors que le son naturel est *au service* de la vibration, de la souplesse et de la nuance.

L'effet apparent de calme suscité par ces sons-bruits (ex. Kitaro) est plutôt un «engourdissement» de la conscience dû aux durées fixes et prolongées de certaines sonorités. Cela crée un climat de «fascination» propice au relâchement de la conscience.

(Ce genre de « musique » est donc tout à fait propice pour « passer » des messages subliminaux.)

Ainsi, le son-bruit électronique peut nous « relaxer », de façon « allopathique », de la même façon qu'un sédatif peut provisoirement diminuer le stress.

Par ailleurs, ces sons-bruits, qui dépassent artificiellement l'espace naturellement audible, ont tendance à disperser la Conscience.

- Les timbres extrêmement bas générés par les synthétiseurs nous rattachent aux vibrations les plus primaires et les plus instinctives de l'inconscient collectif.

- Les timbres suraigus qu'ils génèrent nous attirent vers un mode d'expression immatériel qui dépasse les potentiels vibratoires actuellement disponibles à l'expérience humaine.

Or l'urgence est, pour l'âme, de trouver le secours nécessaire pour *agir ici-maintenant* avec le maximum de transparence, de sensibilité, de souplesse et de « convergence harmonique » !

(Toutes qualités que le son-bruit électronique ne peut lui transmettre puisqu'il ne les possède pas.)

Les quatre Éléments et les divers instruments de musique

Les divers instruments de musique nous offrent le florilège sonore de ce royaume-harmonique des qualités et des nuances.

Ce qui suit est évidemment schématique mais illustre cependant les caractéristiques de la dominante vibratoire offerte par chaque groupe d'instruments.

Les percussions sont en lien avec la Terre, notre nature instinctive et l'exercice de notre volonté :

Elles sont un support rythmique, souple, précis et incantatoire, qui équilibre les pulsions du corps, discipline notre nature instinctive et sous-tend notre volonté.

Évidemment, selon le caractère des rythmes qu'elles soustendent, les percussions définiront le sens et l'intensité de notre volonté.

Les instruments à cordes sont en lien avec l'Eau, notre nature émotive et notre cœur.

Les « cordes » sont le médium musical et harmonique de la fluidité et de la sensibilité.

Elles purifient notre nature émotive.

Elles suscitent et favorisent le développement de l'émotion artistique qui est le sentiment magicien de la Beauté.

Elles ouvrent notre cœur à l'Amour Universel.

Les instruments à cordes, généralement tout en courbes, (ex. la harpe) représentent l'aspect féminin de la musique instrumentale.

Les instruments à vent sont en lien avec l'Air, l'intellect et la pensée.

Les « vents » sont le médium musical et mélodique du rayonnement de la connaissance.

Ils clarifient et élèvent notre pensée.

Ils suscitent et favorisent le développement de l'intuition.

Ils ouvrent notre intellect aux clairs rayons de La Sagesse Universelle.

Ces instruments qui ont une forme simple et très « enlignée » (ex. la flûte), représentent l'aspect masculin de la musique instrumentale.

Les cuivres sont une fusion de la Terre, de l'Air et du Feu :

- Au niveau de leur fabrication : la fusion d'un métal noble (le cuivre) pour former un instrument qui a la densité et la lumière d'une entité à la fois matérielle et solaire : une trompette, par exemple.

- Au niveau des énergies, ils transmettent :

  - la puissance sonore d'un élément terrestre,

  - la vivacité de l'air dans l'émission claire du son,

  - et l'énergie rayonnante du feu dans l'accent triomphal de leur timbre.

Les cuivres supportent, enlignent et consacrent l'action.

Ils ont ainsi, avec le concours des tambours (percussions), accompagné bien des batailles. Ils accompagnent aussi la démonstration de pouvoir que représente une parade militaire !...

Mais ce sont aussi les cuivres qui ont annoncé, à travers les âges, l'avènement des royaumes et des grandes alliances humaines.

L'imagerie sacrée a souvent représenté les anges jouant de la trompette pour annoncer leurs messages.

L'Apocalypse de Saint-Jean évoque le retentissement des trompettes du jugement dernier qui saluent la fin d'un monde et l'entrée en ondes d'un nouvel âge.

Les cuivres sont donc en même temps des messagers terrestres et cosmiques.

La voix humaine et les chœurs sont en lien avec le Feu Sacré de La Vie et de l'Esprit.

Par l'intermédiaire du larynx et du système sympathique, la voix est reliée à la force sexuelle qui est pour l'être humain ce que l'huile essentielle représente pour une plante : sa quintessence, le moteur et le combustible énergétique de son existence, la Force de Vie.

Ainsi, la voix du chanteur exprimera (nous évoquons ici deux « extrêmes »), soit les énergies du Feu passionnel qui enchaîne à la matière, soit les énergies du Feu spirituel qui nous propulse dans les sphères sacrées de l'Harmonie et de l'Amour Universels.

C'est une question de « direction » de l'énergie sexuelle :

– soit vers « le bas » (passions et jouissance),

– soit vers « le haut » (dévotion et joie)...

dont le choix est l'expression de notre libre arbitre.

En ce sens, les chanteurs professionnels peuvent être de facétieux enchanteurs ou bien de véritables magiciens du Verbe Solaire.

Les orgues (les grandes orgues), les «ensembles» polyphoniques et symphoniques, surtout lorsqu'ils accompagnent des chœurs, sont une expression musicale grandiose des quatre éléments cosmiques qui orchestrent toute forme d'existence.

De plus, ils sont une invitation musicale et l'apprentissage sonore de la synergie et de la synarchie universelle.

Quelques suggestions pour harmoniser l'environnement sonore d'une habitation

Nos habitations et nos lieux de travail ou de rencontres ont chacun une «âme» qui leur est propre.

Cette âme s'exprime dans l'atmosphère que nous ressentons dès que nos entrons dans un lieu.

Les habitations familiales et les lieux voués à l'hébergement (auberges ou abbayes, par exemple) ont une âme particulière qui est la synthèse énergétique de leurs formes, de leur organisation, de leur décoration, des matériaux utilisés, des vibrations spécifiques du «terroir» et de la région où ils s'enracinent... tout cela « coordonné » par la conscience de ses habitants ou de ses hôtes.

Comme on apprend à écouter le chant des éléments à travers les musiques de La Nature, on peut aussi apprendre à écouter l'âme d'une habitation.

Ce genre d'écoute est plus accessible le matin, à l'aube, au moment où le silence de la maisonnée et de l'environnement nous introduit dans un contexte vibratoire et subtil que l'on peut réellement « entendre ».

Si la maison est harmonique, il se peut que l'on « entende », de façon presque physique, un son particulier, subtil et cristallin, qui vibre autant en soi qu'autour de soi !

Cette note sacrée, très émouvante, est « la voix » du deva de la maison, l'entité spirituelle « suscitée » par l'organisation (à tous niveaux) de ce lieu et par l'âme de ses habitants.

Par ailleurs, certains éléments peuvent aider à l'émergence de cette entité protectrice et à son « travail ».

Cela est particulièrement bénéfique pour les lieux d'hébergement où les gens viennent prendre un peu de repos ou se « ressourcer ».

(Dans de tels lieux, l'atmosphère subtile est tout aussi importante que l'organisation matérielle.)

Ainsi les éléments sonores subtils que l'on peut y introduire seront bienvenus.

Les *« mobiles tintants »* sont un moyen magique et facilement accessible.

Leur tintement discret, pur et cristallin est un support très harmonique du silence, dans un espace de repos ou de recueillement.

Le cristal, le verre ou les métaux nobles tels l'argent ou le cuivre sont des matériaux appropriés pour ce genre de compagnonnage sonore. (La Porcelaine fine peut aussi se révéler adéquate.)

Les jets d'eau ou les fontaines, dans un patio, une cour intérieure, une serre, un solarium ou un sanctuaire, sont des éléments harmoniques d'un environnement sonore. Car ils entretiennent une énergie de purification, d'apaisement et d'harmonisation de l'astral, favorable au repos et au... « ressourcement ».

Les cloches et les gongs sont aussi des compagnons sonores bienfaisants pour l'atmosphère d'un hébergement-harmonique.

Les cloches et les gongs sont en lien avec les quatre éléments :

- avec la Terre, par la matière très dense avec laquelle ils ont été fabriqués ;
- avec l'Eau, par les ondes concentriques selon lesquelles leurs vibrations se propagent ;
- avec l'Air qui est leur médium de propagation mélodique ;
- avec le Feu et l'Éther, par la dimension spatiale, ample et subtile qu'ils font vibrer, qu'ils invoquent et qu'ils évoquent.

Les cloches et les gongs ne se contentent pas de faire vibrer l'espace autour d'eux. Ils font aussi vibrer notre espace intérieur avec la même ampleur, nous reliant aux puissances vibratoires du cosmos et de la Paix Universelle.

Les cloches invitent à l'action et à la célébration.

Elles invitent aussi au repos et au recueillement.

Écoutez le son des cloches aux heures festives du Jour !

Écoutez le tintement d'une cloche annoncer matines, faire vibrer l'espace extatique du Plein Midi ; saluer la Nuit ou battre le rythme des marées !

Écoutez une cloche ou un gong résonner, aux abords d'un ermitage ou d'un monastère...

Écoutez les cloches des troupeaux de montagnes...

Les cloches ont un Langage Universel qui transcende toutes partisaneries !

On ne peut résister à « l'appel du large » auquel elles nous convient !

D'ailleurs, au cours des âges, les cloches ont acquis leur titre de noblesse puisque les grands sanctuaires avaient et ont encore, bien souvent, leur « maître sonneur ».

Note :   Il est à remarquer que, lorsqu'on frappe, légèrement, sur un contenant de cristal, de verre ou de métal noble, plus ou moins rempli d'eau, il émet aussi un son de cloches.

Cette « pratique » des « verres tintants » fait partie de la pédagogie du Nouvel Âge qui se doit d'enseigner la Paix, la Subtilité, la Spatialité et l'Universalité.

Une musique planétaire pour entrer dans l'énergie du Verseau

Pour retrouver nos racines musicales cosmiques et nous rendre ainsi réceptifs aux vibrations harmoniques de la véritable « musique des sphères » (l'énergie sonore qui préside à tous les mouvements de l'Esprit), il nous faut, au préalable, retrouver (et intégrer !) nos racines musicales planétaires.

Nous évoquons ici, *également,* les paysages et les influx sonores de la musique dite « classique » ou « grande musique » ainsi que les paysages et influx sonores de toutes les musiques traditionnelles, sacrées et profanes.

Ce florilège musical est infini. Il consacre l'identité spirituelle des peuples ainsi que leur mode d'harmonisation aux
rythmes terrestres et universels de La Vie.

La fréquentation de toutes ces musiques constitue un
voyage «hors de toutes frontières» qui nous permet de reconnaître et de retrouver, dans un climat de paix et de joie, le sens
de l'Unité Planétaire et Universelle.

Dans les lieux d'hébergement, la diffusion de ces musiques,
sous la forme d'enregistrements judicieusement rassemblés
selon la rythmique des jours, des heures, ou des saisons, est un
don que le musicien solaire en chaque visiteur, saura éminemment apprécier!

9

Des jardins
aux paysages-harmoniques

*Apprendre à entrer en résonnance avec La Nature
et avec toute vie est l'une des raisons pour
lesquelles nous avons un jardin.*

DOROTHY McLEAN

Les Jardins de Findhorn

Pourquoi cultiver un jardin?

Cultiver un jardin pour se nourrir convenablement, nourrir sa famille, une communauté ou un groupe de personnes, est un objectif sain, naturel et bienfaisant.

C'est, en outre, une pratique très appropriée à une époque où l'alimentation est devenue un processus industriel, géré selon des critères anonymes de quantité, de rentabilité et d'apparence, au détriment de la qualité, de la fraîcheur et de la vitalité des aliments.

La Vie se manifeste surtout au niveau de la qualité, de la fraîcheur et de la vitalité d'une plante: cultiver son jardin peut s'avérer une simple démarche de santé et de survie.

Mais au-delà de cette nécessité primordiale d'un jardin, certains aspects semblent aussi essentiels :

- Disposer d'un jardin est une opportunité tangible « d'apprivoiser » les plantes qui seront « sacrifiées » pour notre alimentation.

Non seulement la digestion et l'assimilation de cette nourriture se feront de façon plus harmonieuse, mais, de plus, nous bénéficierons, directement, des qualités propres à chaque plante et de l'atmosphère subtile et vibrante du jardin lui-même.

C'est un lien qui, tout en étant subtil, est cependant aussi vital que les processus (apparemment) mécaniques de la digestion.

- Disposer d'un jardin est aussi une opportunité de retrouver le *Contact* avec les forces de La Nature vivante, dans un espace qui, tout en étant naturel, nous est familier.

- L'entretien et la compagnie d'un jardin nous permettent :
  - de retrouver le *Contact* avec La Vie et la respiration de la Terre et de La Nature ;
  - de retrouver le *Contact* avec les forces naturelles d'organisation et de croissance qui régissent toute forme de vie ;
  - de retrouver un contact plus tangible avec la présence et les dynamismes de la Terre, de l'Eau, du Vent, de l'Air, de la Chaleur et du Rayonnement solaire ;
  - de retrouver le sens naturel de l'écologie : la conscience de la Sagesse Naturelle, de l'Économie Universelle et de l'Interdépendance Dynamique entre toutes formes de vie et les influx terrestres, solaires, et cosmiques.

L'accompagnement d'un jardin nous permet aussi de développer en nous, au contact des plantes, les qualités qui leur

correspondent: simplicité, ténacité, persévérance, nuances, solidarité, beauté, prospérité et... l'Art du Recyclage!...

Tous ces aspects font d'un jardin et du jardinage un espace-
temps de guérison, lorsqu'on est déprimé. Car La Vie est con-
tagieuse! Voir, jour après jour, pousser et croître, avec magnificence, ce que l'on a semé est l'un des plus inoffensifs anti-
dépresseurs et l'un des plus efficaces euphorisants!

Un jardin est un organisme vivant

Le jardin-harmonique est organisé de façon « tripartite »
comme l'être humain.

L'aspect physique-éthérique est le sol lui-même et les
plantes.

Les plantes et la terre sont un « prolongement » mutuel. Car,
à plus ou moins long terme, une terre sans végétation devient
stérile et meurt.

L'aspect psychique est représenté par la végétation perma-
nente (arbres et haies) ainsi que le règne animal bénéfique au
jardin (oiseaux, papillons, abeilles, coccinelles, etc.)

L'aspect spirituel est assuré par le jardinier en coopération
avec les devas (ou anges « directeurs ») des plantes et tous leurs
servants spirituels (les gnomes, les ondins, les sylphes, les sala-
mandres).

Cette coopération fera du jardin un lieu-harmonique au
niveau des formes, des espèces choisies et cultivées, du compagnonnage des plantes (plantes qui « s'entraident » dans leur
croissance par leurs énergies complémentaires et leur voisinage)
et des soins appropriés donnés aux plantes.

La végétation d'un jardin est elle-même un organisme vivant.

- Les plantes potagères (celles qui sont cultivées principalement pour leur usage nutritionnel) représentent la dimension physique du jardin.

- Les fleurs représentent la beauté et l'âme du jardin.

- Les plantes aromatiques représentent l'esprit du jardin car elles introduisent et entretiennent l'Harmonie :

  – par leurs essences qui éloignent les insectes nuisibles ;

  – par leurs vibrations solaires et subtiles qui rayonnent à travers le jardin, et harmonisent la croissance des autres plantes.

Le jardinier-harmonique

«Si tu veux être heureux toute ta vie, fais-toi jardinier», dit un proverbe chinois.

Edgar Cayce ajoute : «Les légumes et les fruits sont liés au caractère de l'homme qui les cultive. S'il en prend soin avec amour, cela fait toute la différence.» (*Lecture, 470-35*)

La bonne volonté, la joie et l'amour sont le gage d'un riche et beau jardin, de même que la culture et l'accompagnement d'un jardin procurent joie et bonheur à celui qui en prend soin !

Cultiver un jardin demande, bien sûr, un minimum d'organisation :

– l'élaboration d'un plan de jardin,

– le choix des espèces que l'on veut y cultiver,

– l'étude et l'adoption de certaines pratiques culturales fondamentales.

Ces études et cette planification se préparent durant l'hiver.

L'énergie d'éveil et d'actualisation des plans, transmise par le Soleil «en Verseau» (mois de Février), est le support le plus efficace pour finaliser le «programme» annuel du jardin.

Mais à la saison douce, dès qu'on pénètre dans son jardin, il vaut mieux «laisser l'intellect à l'entrée»... comme on dépose son manteau dans l'entrée de la maison avant de retrouver sa famille.

La saison de culture est la saison de croissance des jardins, la saison vibrante de l'épanouissement des formes, des couleurs et de la vitalité des plantes.

Comme un enfant et comme toute créature vivante, un jardin a surtout besoin d'amour, de respect, de soins attentifs et de re-connaissance!

Le véritable jardinier doit, avant tout, être un «artiste», au sens le plus vaste et le plus actif du terme... c'est-à-dire un être qui *manifeste* un sens naturel et l'amour du Beau et de l'Harmonie, et qui se révèle un maître dans l'art de susciter le meilleur de la matière avec laquelle il travaille!

L'artiste-jardinier a la conscience esthétique de l'architecte, du sculpteur, du peintre, du musicien, du danseur et du parfumeur.

Tout cela «ensemble»... car l'art véritable est, pour un jardinier, la synthèse et la maîtrise d'intuitions et de gestes qui favoriseront un développement harmonieux, pour chaque plante et pour l'ensemble du jardin.

Jardins cultivés, jardins sauvages

Un jardin situé à proximité immédiate de la maison semble idéal. Pour des raisons pratiques et pour l'agrément qu'il procure.

Cependant, si l'on habite à proximité de La Nature Sauvage ou bien si l'on a la possibilité de faire plusieurs jardins, l'expérience du jardin mixte est intéressante.

Lorsque l'Homme manifeste de l'amour envers La Nature et la bonne volonté de coopérer avec elle, il apprivoise La Nature Sauvage autant que La Nature Cultivée.

Or La Nature Sauvage et La Nature Cultivée peuvent « s'entraider » dans leurs rythmes de croissance.

On ne peut les « mélanger », à proprement parler, car les énergies libres et puissantes de La Nature Sauvage prédomineraient rapidement par rapport aux énergies plus disciplinées et moins vivaces de La Nature Cultivée.

Mais le « voisinage » des deux tend à équilibrer leurs énergies respectives.

Il renforce l'énergie des plantes cultivées.

Il « civilise » et « apprivoise » l'énergie de La Nature Sauvage.

De cet échange d'énergies naît une liaison heureuse qui se révèle bénéfique autant pour l'harmonie du paysage que pour la vitalité et l'épanouissement-harmonique de toutes les plantes de ce lieu.

(Les plantes vivaces et les arbustes cultivés sont un « trait d'union » idéal entre La Nature Cultivée et La Nature Sauvage.)

Par ailleurs cette collaboration nous suggère que le désherbage systématique d'un jardin n'est pas toujours nécessaire.

Car les plantes sauvages comestibles (pissenlit, plantain, par exemple) qui poussent à l'orée d'un jardin ou bien à travers les plantes cultivées renforcent l'énergie de ces dernières et sont, elles aussi, « apprivoisées » par l'atmosphère du jardin.

Elles constituent alors un complément dynamique et bénéfique à nos légumes potagers !

Le jardin-guide

Le jardin-guide est un jardinet situé à proximité ou bien au milieu du grand jardin.

Il est un espace (de préférence circulaire), où l'on fait pousser seulement un plant de chaque espèce cultivée dans le jardin.

Ce jardin-guide représente pour la vie du grand jardin ce que le tabernacle représente au cœur d'une église : l'espace de consécration d'une présence spirituelle.

Le jardin-guide agit comme un aimant qui attire les énergies archétypes des plantes et les influx cosmo-telluriques les plus favorables à leur développement.

Il est aussi l'espace consacré à partir duquel les devas (ou influx-archétypes) de chaque plante peuvent rayonner leurs énergies sur l'ensemble du jardin.

Le jardin-guide consacre aussi, de façon tangible, la coopération de l'Homme avec La Nature.

Le jardin-fée

Le jardin-fée est un espace sauvage à proximité du jardin cultivé où l'on aura semé, au hasard et à la volée quelques graines de chacune des plantes cultivées dans le jardin.

(Là encore, si l'Homme fait part de ce geste à La Nature et lui accorde sa confiance, les graines semées germeront et ne seront pas étouffées par La Nature Sauvage.)

Ce jardin-fée constituera alors une sorte de «réservoir d'énergies» pour les esprits de La Nature qui s'occupent de la croissance de nos plantes. Ce jardin-fée est aussi sacré. Il constitue un réseau d'énergies subtiles. Les très jeunes enfants et les animaux familiers paisibles, comme les chats, peuvent y pénétrer. Il peut aussi héberger la petite faune sauvage bienfaisante pour les jardins : oiseaux, abeilles, hérissons, crapauds, etc.

Mais il importe que l'Homme n'y pénètre plus dès qu'il lui a confié quelques graines de son grand jardin.

Il importe aussi qu'il lui accorde souvent sa reconnaissance et sa bénédiction !

Le jardin communautaire

Tout le monde ne dispose pas d'un jardin personnel ou d'un terrain susceptible d'accueillir un jardin.

Beaucoup de gens vivent en ville, dans un espace où il n'est guère possible de cultiver quoi que ce soit.

Mais rares sont les personnes qui n'ont aucune parenté, aucun ami, ou aucune relation vivant à la campagne et disposant d'un espace disponible pour l'établissement d'un jardin.

Par ailleurs, avec un peu d'intérêt, de bonne volonté, de coopération et de temps, les terrains vagues et les friches, si tristes aux abords des villes, pourraient devenir des jardins communautaires dynamiques.

Car La Nature répond toujours avec bonheur lorsqu'on essaye de vivre en bonne et belle entente avec elle !

On peut, à partir de ce moment-là, définir certaines ententes pour semer, cultiver, récolter et partager « les fruits » du jardin communautaire. Ensuite, durant la saison froide, on ira chercher, une fois par mois ou selon un rythme à établir, sa provision de légumes chez le partenaire qui détient la terre ou qui vit plus en campagne et qui peut, en conséquence, assurer la garde des légumes d'hiver.

Ce sera, de plus, l'occasion d'un petit séjour à la campagne et de visites ou de rencontres agréables et bienfaisantes.

Cette prise en charge communautaire de l'alimentation offre, en outre, l'avantage et l'opportunité de développer la solidarité et un état d'esprit coopératif et fraternel... des qualités que le Verseau nous appelle à manifester !

Le jardin d'hiver

Nous avons déjà évoqué les bienfaits d'un jardin d'hiver.

Il prolonge l'été dans la maison.

Il nous permet de garder, tout au long de l'année, un contact avec les énergies de croissance de La Nature.

Ce contact harmonise nos émotions, met de l'ordre dans nos pensées et « recharge » notre vitalité lorsque nous sommes fatigués ou opprimés par des situations parfois trop complexes.

Le jardin d'hiver peut s'avérer un lieu de détente et de rencontre agréable qui offre un climat de simplicité et de souplesse, entretenu par la présence des plantes.

Souvenons-nous des nombreux récits où « l'Orangerie », par exemple, représentait un lieu de conciliabule et de conciliation où les protagonistes, les diplomates et les amants séparés pouvaient trouver un « terrain d'entente » ou un répit, dans l'intimité complice des plantes.

Le paysage-harmonique

Le « paysage-harmonique » est une expression harmonique de l'aménagement paysager.

Comme le jardinier, le « paysagiste » doit être un artiste.

Sensei Georges Oshawa, un célèbre «macrobiotiste» japonais disait:

«Où il y a yn, il y a yang,
Où il y a yang, il y a yn,
Plus haute est la montagne,
Plus profonde la vallée.»

Cette chanson (car il s'agit d'une chanson) devrait être la règle d'or de tout paysagiste.

Elle est une illustration du «Feng-Shuï» chinois, «la science de l'eau et du vent», l'expression paysagée du Tao, qui manifeste, dans les jardins d'Extrême-Orient, l'art du paysage:

L'Harmonie

– entre les lignes droites et les lignes courbes,

– entre les creux et les escarpements,

– entre les bassins et les fontaines,

– entre les sinuosités féminines d'un sentier et l'érection masculine d'un arbre,

– entre la souplesse d'un saule pleureur et le rigoureux élan d'un if, etc.

Le Feng-Shuï, c'est aussi l'agencement harmonieux des espèces végétales selon la complémentarité de leurs formes et de leurs couleurs.

C'est aussi l'équilibre harmonieux entre les pelouses, les sentiers et les massifs de fleurs, entre La Nature Sauvage et La Nature Cultivée, entre les plantes vivaces et les plantes annuelles.

Le Feng-Shuï est l'art du paysage-harmonique qui fait d'un jardin d'agrément un séjour béni des dieux!

«La conscience cosmo-tellurique de l'architecture sacrée est nécessaire pour que les nouveaux rythmes architecturaux servent l'évolution de la Terre et de la race humaine. »

(Sanctuaire de montagne, Alpes françaises.)

«Cultiver un jardin est une opportunité de retrouver le contact avec les forces de La Nature Vivante. Voir, jour après jour, croître ce que l'on a semé est l'un des plus inoffensifs anti-dépresseurs et l'un des plus efficaces euphorisants. »

(Le jardin potager de l'auteure, été 1983.)

CINQUIÈME PARTIE

L'Eau vive des Paroles Sacrées

(Cascade estivale - Parc national de la Mauricie -
Québec, Canada)

1. Life...

«Life is lovely.
    Therefore I live.
Prayer is lovely.
    Therefore I pray.
Creation is lovely.
    Therefore I love.

        Vivere amabile,
          Ideo vivo.
        Precari amabile,
          Ideo precor.
        Creatura amabilis,
          Ideo amo.

La vie est charmante.
    Alors je vis.
La prière est gracieuse.
    Alors je prie.
La création est aimable.
    Alors j'aime. »

SRI CHINMOY
(Poèmes)

2. L'espérance nécessaire
aux gouttes d'une pluie de printemps

Contemple ces gouttes de pluie à peine tombée :
tout le vert printemps des feuilles s'y concentre,
toutes les feuilles, sous les poids des gouttes
débordent leurs limites.

Tes yeux en sont pleins de merveilles
Saisis-tu pour autant le fond de ta pensée ?

En vain tu veux la faire taire,
comme l'enfant qui vient de s'éveiller :
ne te détourne pas de la splendeur des choses,
chère pensée, demeure émerveillée !
Paroles vaines ! Ne le sens-tu pas ?
C'est par la pensée que tu vas si profond
dans la splendeur des choses,

et qu'en toi-même tu dois leur ouvrir
toujours plus grand, l'espace.

KAROL WOJTYLA (Jean-Paul II)
(Poèmes)
Ed. Cana-Cerf

3. Qu'y a-t-il d'autre...

«Qu'y a-t-il d'autre que le Ciel, Ô Soleil,
pour contenir ton image?
Je rêve de toi, mais je désespère de pouvoir te servir», pleure la
goutte de rosée, en ajoutant: «Je suis trop infime pour te
refléter, ô grand roi, et ma vie n'est que larmes.»
«J'illumine le ciel infini, mais je peux aussi me donner jusque
dans la plus petite goutte de rosée», a répondu le Soleil; «ainsi
deviendrai-je simple étincelle de lumière, faisant de ta petite
vie une coupe débordante de joie.»

RABINDRANATH TAGORE

La corbeille de fruits

4. Cantique à Messire Frère Soleil...

... Loué sois-Tu, mon Seigneur,
en communion de toutes tes Créatures !
Spécialement Messire le Frère Soleil !
qui est le Jour : et par lui Tu nous illumines.
Oui : il est beau et rayonne en toute sa splendeur !
De toi, le Très-Haut, il est Signe et Révélation !

Loué sois-Tu, mon Seigneur,
par et pour Sœur Lune et les Étoiles !
Au Ciel Tu les as formées,
si claires et précieuses et belles !

Loué sois-Tu, mon Seigneur,
par et pour Frère Vent !
et par et pour l'Air et les nuages
et le ciel pur et tous les temps !
par qui, de tes Créatures
Tu entretiens La Vie !

Loué sois-Tu, mon Seigneur,
par et pour Sœur Eau !
qui est bien utile
et humble et précieuse et chaste !

Loué sois-Tu, mon Seigneur,
par et pour Sœur Terre notre Mère !
qui nous entretient et gouverne,
et produit tant de fruits divers,
et des fleurs multicolores,
et de l'herbe...

SAINT FRANÇOIS D'ASSISE

5. À la Terre, Mère de tout

«C'est toi, Terre, que je chanterai, Mère universelle aux solides assises, aïeule vénérable qui nourrit sur son sol tout ce qui existe ; tous les êtres qui marchent sur ton sol divin, tous ceux qui nagent dans la mer, tous ceux qui volent se nourrissent de ta richesse !...

Salut, Mère des Dieux, épouse du Ciel Étoilé ! Daigne, dans ta bienveillance, m'accorder, pour prix de mes chants, une vie qui plaise à mon Cœur ! Pour moi, je penserai à toi dans mes autres chants !...

Et toi, Père de toutes choses, partie indestructible du Monde, très ancien principe de tous les êtres et fin de tous les êtres, Ô Seigneur du Monde, siège des Dieux bienheureux, gardien terrestre et céleste entourant toutes choses, toi qui portes dans ta poitrine la grandiose nécessité de La Nature, et qui voit tout,... écoute-moi et accorde une vie saine au nouvel initié !»

Tradition gréco-romaine

6. La Vision d'Enoch,
la plus ancienne révélation

Dieu parle à l'homme

Je te parle
Sois en paix
Sache
Que Je suis Dieu

Je t'ai parlé
Quand tu es né
Je t'ai parlé
À ton premier regard
Je t'ai parlé
À ton premier mot
Je t'ai parlé
À ta première pensée
Je t'ai parlé
À ton premier amour
Je t'ai parlé
À ton premier chant

Je te parle
Par l'herbe des prés
Je te parle
Par les arbres des forêts
Je te parle
Par les vallées et les collines
Je te parle
Par les montagnes sacrées
Je te parle
Par la pluie et la neige
Je te parle
Par les vagues de la mer
Je te parle
Par la rosée du matin

Je te parle
Par la paix du soir
Je te parle
Par la splendeur du Soleil
Je te parle
Par les étoiles brillantes
Je te parle
Par l'orage et les nuages
Je te parle
Par le tonnerre et la foudre
Je te parle
Par le mystérieux arc-en-ciel

Je te parlerai
Quand tu seras seul
Je te parlerai
Par la sagesse des Anciens
Je te parlerai
À la fin des temps
Je te parlerai
Quand tu auras vu mes anges
Je te parlerai
Tout au long de l'éternité

Je te parle
Sois en paix
Sache
Que Je Suis Dieu

Évangile essénien
Livre 2

7. Plus loin

«Ô la terre et ses sortilèges
notre paradis d'ici-bas,
tissé de reflets, de clartés,
sollicitant leur humble chance
d'être plus tard perpétués.

Même au jour de la délivrance,
en laissant nos corps à la terre,
nous apprendrons de notre mère
le bon usage de l'humus.

Or des rayons de lumière,
des éclaircies sur le ciel triste
font mémoire d'un autre monde.
Le Dieu supra-sensuel
ne cesse d'infuser aux êtres
le désir fou d'éternité,
l'espoir de s'associer au souffle
léger et subtil des jardins marins.

Ô Éden! Ô Arcanes!»

PIERRE ÉTIENNE, moine de Taizé
Les Amis Essentiels

8. Nayaz, the healing prayer

Beloved Lord, Almighty God!
through the rays of the Sun,
    through the waves of the air,
through the all-pervading Life in space,
Purify and revivify me, and, I pray,
    heal my body, heart and soul. Amen.

Nayaz, la prière de guérison

Bien-aimé Seigneur, Dieu Tout-Puissant!
À travers les rayons du Soleil,
    à travers les vibrations de l'air,
À travers La Vie répandue partout dans l'Univers,
Purifie-moi et revivifie-moi, et je t'en prie,
    guéris mon corps, mon cœur et mon âme. Amen.

Prière Soufi

9. *Hymne au Soleil*

«De bonne heure, le matin,
Nous nous éveillons, nous nous éveillons,
Quand la mère Dieu-Soleil se lève.
Nous la saluons avec joie.
Elle nous accueille avec un visage radieux.
Elle nous rencontre avec un baiser chaud.
Si doucement, si doucement...
Écoutez, écoutez seulement!
D'où viennent tous ces sons lointains?
Échos de là où la lumière abonde,
Torrents de cristal au pâle murmure
Éclatant sans retenue.
Ce sont les grains d'or de la pensée,
Les murmures silencieux, à peine perçus,
Qui nous remplissent de joie et de contentement,
Les sentiers par lesquels l'âme s'élève;

Montée de l'âme, montée de l'âme.
Écoutez, écoutez seulement!

Gloire aux rayons du Soleil,
Gloire aux voies du Dieu-Soleil.
Il nous commande d'endurer,
D'être silencieux, chastes et purs,
D'être sincères, bons et fidèles.
Ô! Écoutez la voix du Dieu-Soleil
Invitant l'âme à s'élever:
Dans une lumière radieuse, source du chant,
L'origine de la pensée est née.
De même que la lumière et le chant s'unissent en un,
N'oublions jamais de chercher la Lumière!»

Indiens Zuni

10. Si je remonte vers la Cime...

«Si je remonte vers la Cime
Pour retrouver l'humain langage
D'un Arbre traversé de vents,
C'est tout l'Espace qui m'attend
Et me découvre son visage!
Alors je parle avec La Terre;
Plus loin que ma mémoire et mon amour,
Je mêle à l'horizon
Mon pur souci d'être Lumière!»

EDMOND VANDERCAMMEN

L'Étoile du berger

Bibliographie

1. Edmond Bordeaux-Szekely:
   - *L'Évangile essénien*, Éditions Soleil, Suisse.
2. Lord Byron:
   - *Childe Harold*, Éditions Aubier-Flammarion, France.
3. Sri Chinmoy - *Poèmes*.
4. Michel Cloutier
   - *Si St-Matthieu m'était conté*, Canada,
     St-Matthieu du Parc, Québec.
5. Maurice Cocagnac:
   - *Rencontres avec Carlos Castaneda et Pachita la guérisseuse*,
     Éditions Albin Michel, France.
6. Achille Degeest:
   - *L'Heure de l'Esprit*, Apostolat des éditions, France, et
     Éditions Paulines, Canada.
7. Arnaud Desjardins:
   - *Le Message des Tibétains*, Éditions de la Table Ronde,
     France.
8. Gérard Edde:
   - *Les Couleurs pour votre santé*, Éditions Dangles, France.
9. Pierre Étienne:
   - *Les Amis Essentiels*, Presses de Taizé.
10. *Les Jardins de Findhorn*, collectif, Éditions Nature et
    Progrès.
11. Jacques Languirand:
    - *Mater Materia*, Éditions de Mortagne, Canada.
12. Lanza del Vasto:
    - *Approches de la vie intérieure*, Éditions Denoël, France.
    - *Principes et préceptes du retour à l'évidence*, Éditions
      Denoël, France.
13. Boune Legrais et Gilbert Altenbach:
    - *Santé et cosmo-tellurisme*, Éditions Dangles, France.
14. Teri Mac Luhan:
    - *Pieds nus sur la terre sacrée*, Éditions Denoël-Gonthier,
      France.
15. Max Melou:
    - *Prière sur le Mont-Blanc*, Éditions Arthaud, France.

16. Mario Mercier:
    - *La Nature et le sacré*, Éditions Dangles, France.
    - *Les Rites du Ciel et de la Terre*, Éditions Dangles, France.
17. Anne et Daniel Meurois-Givaudan:
    - *Le Voyage à Shambhalla*, Éditions Arista, France.
18. Dr André Passebecq: divers ouvrages aux Éditions Dangles, France.
19. David Spangler:
    - *Révélation*, Éditions Le Souffle d'Or.
    - *Émergence*, Éditions Le Souffle d'Or.
    - *Lumière vers 1990*, Éditions Le Souffle d'Or.
    - *Conscience et Créativité*, Éditions Le Souffle d'Or.
20. Rabindranath Tagore:
    - *La Corbeille de fruits*, Gallimard, France.
21. Edmond Vandercammen, coll. Poètes d'aujourd'hui, Seghers, France.
22. Karol Wojtyla:
    - *Poèmes*, Éditions Cana-Cerf.

Nous mentionnons de façon très particulière tous les ouvrages du Maître Omraam Mikhaël Aïvanhov (Éditions Prosveta) dont l'enseignement et le témoignage ont largement instruit et inspiré l'auteure.

Note: Les citations sans référence bibliographique ont été extraites d'agendas, cartes ou calendriers, etc., sans références exactes.

Table des matières

Prologue 1

PREMIÈRE PARTIE: «... Sur la Terre comme au Ciel»
Chapitre 1. Le Maya-Yoga ou le yoga de l'existence.............. 15
Chapitre 2. La conscience écologique et la terre promise 21
Chapitre 3. La matière sacrée................................... 27
Chapitre 4. Le cœur initiatique et le pentacorde
     de la sensualité sacrée 33
Chapitre 5. Les cultures traditionnelles et la coopération
     avec La Nature 41

DEUXIÈME PARTIE: Rythmes et Dynamismes
          de La Vie sur Terre
Chapitre 1. L'éveil et les énergies diurnes 51
Chapitre 2. Le sommeil et les énergies nocturnes 59
Chapitre 3. Ré-harmonisation dynamique avec La Terre...... 69
Chapitre 4. Ré-harmonisation dynamique avec L'Eau 73
Chapitre 5. Ré-harmonisation dynamique avec L'Air 87
Chapitre 6. Ré-harmonisation dynamique avec Le Feu........ 101

TROISIÈME PARTIE: Pratiques naturelles de régénération
Chapitre 1. Les pierres, les perles et les cristaux............ 113
Chapitre 2. Les fleurs et les parfums 125
Chapitre 3. Les arbres et la forêt............................ 137
Chapitre 4. Les paysages guérisseurs, les paysages sacrés...... 149
Chapitre 5. La puissance magique de la montagne.............. 157
Chapitre 6. La puissance magique de la mer.................... 167
Chapitre 7. Le climat et le yoga de la météorologie............ 177
Chapitre 8. Des postures harmonisantes 183
Chapitre 9. La marche et l'art du mouvement.................. 191

QUATRIÈME PARTIE: L'Environnement guérisseur

Chapitre 1. La santé par le geste et l'acte conscients.............. 215

Chapitre 2. L'ordre et le yoga de la matérialité...................... 221

Chapitre 3. Des couleurs pour harmoniser l'existence........... 227

Chapitre 4. Le magnétisme et le rayonnement du vêtement 239

Chapitre 5. L'habitat conscient, moule et amplificateur
énergétiques... 251

Chapitre 6. La décoration consciente, une génératrice
d'énergies.................................. 261

Chapitre 7. Un éclairage au service de la Lumière................ 275

Chapitre 8. L'environnement sonore: l'accordeur de l'âme ... 285

Chapitre 9. Des jardins aux paysages-harmoniques.............. 299

CINQUIÈME PARTIE: L'Eau vive des Paroles Sacrées

1. *Life...* (Sri Chinmoy - *Poèmes*) 313

2. *L'espérance nécessaire...* (Karol Wojtyla - *Poèmes*)............... 314

3. *Qu'y a-t-il d'autre...* (Rabindranath Tagore
- **La Corbeille de fruits**)............................ 315

4. *Cantique à Messire Frère Soleil...* (St François D'Assise).... 316

5. *À la Terre, Mère de tout* (*Tradition gréco-romaine*)............... 317

6. *La Vision d'Enoch* (**Évangile essénien - Livre 2**)............... 318

7. *Plus loin* (Pierre Étienne - **Les Amis Essentiels**)............. 319

8. *Nayaz, la prière de guérison* (*Prière Soufi*)..................... 320

9. *Hymne au Soleil* (*Indiens Zuni*)................................... 321

10. *Si je remonte vers la Cime...*
(Edmond Vandercammen - *L'Étoile du berger*) 322

Bibliographie 323